The 바른 몽골어 첫걸음

저자 | 다시 울지오타스(Dash Ulziiutas),
신민선

The 바른 몽골어 첫걸음

초 판 인 쇄	2019년 6월 10일
초 판 3 쇄	2023년 11월 1일

지 은 이	다시 울지오타스(Dash Ulziiutas), 신민선
펴 낸 이	임승빈
편 집 책 임	정유항, 김하진
조 판 편 집	오미원
내지디자인	디자인캠프
표지디자인	이승연
일 러 스 트	손도영
마 케 팅	염경용, 이동민, 이서빈

펴 낸 곳	ECK북스
주 소	서울시 마포구 창전로 2길 27 [04098]
대 표 전 화	02-733-9950
홈 페 이 지	www.eckbooks.kr
이 메 일	eck@eckedu.com
등 록 번 호	제 2020-000303호
등 록 일 자	2000. 2. 15

I S B N	978-89-92281-81-2
정 가	18,000원

The 바른 몽골어 첫걸음

저자 ㅣ 다시 울지오타스(Dash Ulziiutas), 신민선

ECK Books

저자의 말

몽골은 한국과 유사성이 많은 국가로 잘 알려져 있습니다. 외모도 몽골 사람과 한국 사람이 서로 비슷하고, 지리적으로도 비행기로 3시간이면 도착할 수 있는 가까운 나라이기도 합니다. 또 한국어와 몽골어는 같은 알타이어족에 속하기도 합니다. 한국과 몽골은 1990년 3월에 외교 관계를 수립하였으며 그 이후에 정치 · 외교 · 경제 · 문화 등 여러 방면에서 많은 교류를 이어나가고 있습니다. 한국에서도 길을 지나다니다 보면 몽골 사람들을 쉽게 찾아볼 수 있고, 동대문에는 몽골타운도 있어서 몽골 음식과 물건들을 접할 수 있습니다.

하지만 의외로 다른 나라들에 비해 몽골에 대하여 모르는 부분이 많아 낯설게 느껴지기도 합니다. 몽골 하면 방송에서 볼 수 있는 아름다운 자연환경을 지닌 '초원과 사막의 나라', 또는 역사적으로 영향력 있는 '칭기즈 칸의 나라'의 이미지가 떠오르지만 그 이외는 잘 떠오르지 않는 경우가 많습니다.

몽골을 이해하는 데 가장 중요한 키워드는 '유목 문화'입니다. 몽골은 지리적 위치와 환경 때문에 유목 생활을 해 왔는데, 농경 사회였던 한국과는 큰 차이가 있습니다. 유목 사회와 농경 사회라는 문화적 차이가 언어에 반영되어 있기 때문에 몽골어를 배우는 것은 같은 알타이어족 언어라는 유사한 점에도 불구하고 어려운 측면이 있습니다.

본 책은 몽골어를 처음 접하는 학습자들을 위해 최대한 쉽고 자세하게 설명하였습니다. 특히 몽골어는 한국어에는 없는 발음이 있고, 단순히 직역할 수 없는 몽골인의 사고방식이 반영된 표현들이 많이 있기 때문에 그만큼 초급 단계부터 정확히 익히는 것이 중요합니다. 이 책에는 몽골어를 배웠던 경험을 생각하며 학습자들이 초급 단계에서 어떤 부분이 가장 어려울지 고민하고 반영하고자 하였습니다.

본격적으로 몽골어를 배우기 전 가장 앞부분에 몽골어의 문자와 발음에 대해 설명하였습니다. 몽골어는 현재 키릴문자를 사용하여 표기하기 때문에 라틴문자와 비슷한 글자도 있어 많은 학습자들이 어려움을 겪기도 합니다. 또 몽골어에는 한국어에는 없는 발음이 있기 때문에 처음에는 정확한 발음을 익히기 쉽지 않을 수 있습니다. 몽골어를 처음 배우는 학습자들을 위해 최대한 원발음과 가깝게 한국어 표기도 병기하였습니다.

이 책은 총 17과로 이루어져 있으며 각 과는 회화, 문법, 핵심표현, 연습문제, 몽골 문화기행, 총 5부분으로 나누어져 있습니다. 각 과의 내용은 평소에 접하기 쉬운 주제로 선정하였습니다.

회화 부분에서는 초급 학습자를 배려하여 최대한 실용적이면서도 쉬운 대화문으로 구성하였으며 대화문에 대한 해석과 새 단어를 함께 실었습니다.

문법 부분에서는 회화문에서 나온 꼭 숙지해야 할 문법 내용에 대해 설명하였습니다. 정확한 문법 지식을 알고 있어야 정확한 문장을 만들어 낼 수 있고, 초급 학습자들에게 가장 어려운 부분이 문법이기 때문에 최대한 쉽고 자세하게 문법을 설명하였습니다. 또 단순히 문법 지식만을 익히는 것이 아니라 예문을 통해 어떻게 문법이 사용되는지 확인할 수 있습니다.

핵심표현에서는 회화 및 문법에서 배운 내용을 바탕으로 실생활에서 바로 사용할 수 있게 문형과 대화문을 제시하고, 배운 문형을 통해 직접 한국어 문장을 몽골어로 이야기할 수 있는 부분을 마련하였습니다. 연습을 통해 최대한 자연스러운 표현을 습득할 수 있을 것입니다.

연습문제에서는 이제까지 배웠던 문법과 표현을 올바르게 숙지하고 있는지 문제 풀이를 통하여 확인할 수 있게 하였습니다. 또, 연습문제 정답에 한국어 해석을 달아 정답뿐만 아니라 올바르게 해석했는지도 확인해 볼 수 있습니다.

마지막으로 몽골 문화기행에서는 몽골에 대한 문화 정보를 수록하였으며 몽골에 대한 개관부터 의식주, 교통 수단, 음식 등 다양한 내용을 접하면서 유목 사회인 몽골에 대한 이해를 높이도록 하였습니다.

본 교재를 통해 몽골어를 처음 접하는 학습자들이 몽골어에 대한 이해를 높이고 몽골에 대해 더 많은 관심을 가질 수 있게 되기를 기대합니다. 처음에는 낯선 언어다 보니 배우는 데 어려울 수 있지만 이해가 될 때까지 여러 번 반복하여 몽골인들과 직접 몽골어로 대화하는 기쁨을 누리기를 기대합니다.

끝으로 몽골어 교재를 출판할 수 있게 기회를 주신 ECK교육 임승빈 대표님께 감사의 말씀을 전합니다. 또 교재 편집에 힘써 주신 송영정 선생님께도 감사의 말씀 드립니다. 교재를 집필하는 데 많은 도움과 조언을 주신 김기선 교수님과 몽골어과 모든 교수님들께 감사드립니다. 마지막으로 교재 집필을 위해 기도해 주시고 함께 도와주신 가족들과 모든 분들에게도 감사의 말씀 전합니다.

2019년 5월
저자 다시 울지오타스, 신민선

목차

이 책의 **구성과 특징**

💡 예비학습

몽골어의 알파벳과 발음 및 어순을 익히고 몽골어의 모든 어미 결합의 바탕이 되는 모음조화 규칙을 학습합니다. 본 학습을 시작하기 전에 반드시 먼저 숙지하세요.

💡 회화

인사, 소개, 쇼핑, 병원 방문 등 일상생활에서 두루 활용할 수 있는 실용 대화문을 실었습니다. 처음엔 가볍게 읽어 보고, 문법을 학습한 후 다시 한 번 읽어 보기를 권합니다. 학습 편의를 위해 한글로 발음을 표기하였으나, 정확한 발음은 꼭 MP3 파일을 듣고 확인하세요.

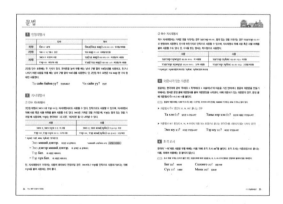

💡 문법

대화문에 나오는 주요 문법을 학습합니다. 몽골어 입문 및 초급 단계의 필수 문법을 다양한 예문과 함께 실었습니다.

핵심표현

대화문과 문법에서 다룬 내용 중 실생활에서 유용하게 쓰이는 핵심표현들만 뽑아 정리했습니다. 표현을 응용하여 말해보고, 관련된 추가 어휘까지 학습할 수 있습니다.

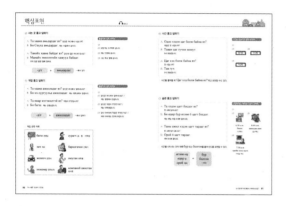

연습문제

각 과에서 학습한 내용을 연습문제를 풀며 복습하고 정리합니다. 문법, 듣기, 쓰기 등 다양한 형식의 문제를 풀어 볼 수 있도록 구성하였습니다.

몽골 문화기행

몽골을 소개하고 몽골의 문화와 생활 방식, 관광지 등을 소개합니다. 몽골에 관한 다양한 정보를 통해 몽골 문화를 이해하는 폭을 넓힐 수 있습니다.

MP3 다운로드 방법

본 교재의 MP3 파일은 www.eckbooks.kr에서 무료로 다운로드 받을 수 있습니다.
QR 코드를 찍으면 다운로드 페이지로 이동합니다.

예비학습

학습 내용

• 알파벳　• 어순　• 모음조화

1 알파벳

몽골어의 알파벳은 총 35자로 이루어져 있다. 몽골에서는 러시아의 영향을 받아 1946년부터 키릴문자를 차용하여 사용해 왔으며, 기존 키릴문자만으로는 몽골어의 모든 음가를 표기할 수 없어 'ө', 'ү' 두 자를 추가하였다. 35개의 알파벳은 모음 13개, 자음 20개, 부호 2개로 구성되며, 글자마다 대문자와 소문자로 이루어져 있다.

1. 알파벳(Цагаан толгой 차가앙 털거이)　🎧 00-1

인쇄체	필기체	명칭	한글 음가
А а	*А а*	아	[ㅏ]
Б б	*Б б*	베	[ㅂ]
В в	*В в*	웨	[ㅗ/ㅜ/ㅂ]
Г г	*Г г*	게	[ㄱ]
Д д	*Д д*	데	[ㄷ]
Е е	*Е е*	예	[ㅖ]
Ё ё	*Ё ё*	여	[ㅕ]
Ж ж	*Ж ж*	제	[ㅈ]
З з	*З з*	쩨	[ㅈ]
И и	*И и*	이	[ㅣ]
й*	*й*	하가스 이 (хагас и)	[ㅣ]
К к	*К к*	카	[ㅋ]
Л л	*Л л*	엘	[ㄹ]
М м	*М м*	엠	[ㅁ]
Н н	*Н н*	엔	[ㄴ], [ㅇ]
О о	*О о*	어	[ㅓ]

인쇄체	필기체	명칭	한글 음가
Ө ө	*Ө ө*	어/우	[ㅓ/ㅜ]
П п	*П п*	페	[ㅍ]
Р р	*Р р*	에르	[ㄹ]
С с	*С с*	에스	[ㅅ]
Т т	*Т т*	테	[ㅌ]
У у	*У у*	오	[ㅗ]
Ү ү	*Ү ү*	우	[ㅜ]
Ф ф	*Ф ф*	에프	[ㅍ]
Х х	*Х х*	헤	[ㅎ]
Ц ц	*Ц ц*	체	[ㅊ]
Ч ч	*Ч ч*	체	[ㅊ]
Ш ш	*Ш ш*	이쉬	[쉬]
Щ щ	*Щ щ*	이쉬체	[쉬]
Ъ	*Ъ*	경음부호 (хатуугийн тэмдэг)	
Ь	*Ь*	연음부호 (зөөлний тэмдэг)	
ы*	*ы*	(남성모음) 이	[ㅣ]
Э э	*Э э*	에	[ㅔ]
Ю ю	*Ю ю*	요/유	[ㅠ]
Я я	*Я я*	야	[ㅑ]

* й, ы는 첫음절에 올 수 없는 글자이므로 소문자만 있음

2. 모음

 00-2

А а	[ㅏ]	ах 아흐 형, арга 아락 방법
Е е	[ㅖ]	еэвэн 예웽 과자, ерөөл 예럴 축복
Ё ё	[ㅕ]	ёотон 여텅 각설탕, хоёр 허여르 숫자 2
И и	[ㅣ]	их 이흐 많다, чи 치 너
й	[ㅣ]	сайн 사인 좋다, байна 바인 있다
О о	[ㅓ]	ор 어르 침대, орон 어렁 나라
Ө ө	[ㅓ/ㅜ]	өв 우브 재산, өрөө 우루 방
У у	[ㅗ]	ус 오스 물, утас 오타스 실
Ү ү	[ㅜ]	үнэр 우네르 냄새, үхэр 우헤르 소
ы	[ㅣ]	таны 타니 당신의, байрны 바이르니 아파트의
Э э	[ㅣ]	эм 엠 약, дэвтэр 뎁테르 공책
Ю ю	[ㅛ/ㅠ]	юм 윰 것, оюутан 어요탕 학생
Я я	[ㅑ]	ялаа 얄라 파리, ямаа 야마 염소

(1) 기본 모음

몽골어의 기본 모음은 'a, и, o, ө, y, ү, э' 총 7개로 이루어져 있다. 발음할 때 입 모양이 변하지 않기 때문에 단모음에 속한다.

※ 기본 모음의 조음 위치

혀의 위치 혀의 높이	전설		중설		후설	
	평순	원순	평순	원순	평순	원순
고모음	и			ө*		ү
중모음	э			о		у
저모음					а	

* 주의해야 할 모음: ө 어/우는 한국어와 정확하게 대응하는 음가가 없어 발음에 주의해야 한다. [어] 혹은 [우]와 가깝게 발음된다.

첫음절의 э 에의 경우, 실제 단어에서는 [이]와 유사한 발음으로 나타나는 경우가 많다.

    эмээ 이메 할머니   энэ 인 이것

(2) 보조 모음

몽골어의 보조 모음은 'е, ё, й, ы, ю, я' 총 6개로 이루어져 있다. 이 중 й는 단독으로 음절을 구성할 수 없으며, 기본 모음과 함께 사용되어야 한다. 첫음절에는 나올 수 없기 때문에 장모음이나 이중모음을 표기할 때 사용된다.

ы ^이는 장모음 ий ^이와 발음이 동일하지만, 모음조화를 위해 구분한다. 모음조화는 p.20

(3) 장모음과 이중모음

장모음은 단모음보다 길게 발음하며, 단모음을 중첩하여 표기한다. 이중모음은 한 음절을 발음할 때 입 모양이 변하는 경우를 말한다.

단모음	장모음	이중모음
а 아	аа 아:	ай 아이
о 어	оо 어:	ой 어이
у 오	уу 오:	уй 오이
э 에	ээ 에:	эй 에이
ө 어	өө 어:	-
ү 우	үү 우:	үй 우이
и 이	ий 이:	-

주의 단모음으로 발음하는지 또는 장모음으로 발음하는지에 따라 의미가 달라지므로 발음에 유의하여야 한다.

ав 아우 받아(명령)   *vs.*   аав 아:우 아버지

цас 차쓰 눈(雪)   *vs.*   цаас 차:쓰 종이

эх 에흐 어머니   *vs.*   ээх 에:흐 쬐다

өр 우르 빚   *vs.*   өөр 우:르 다른

3. 자음

Б б	[ㅂ]	би 비 나, бид 비뜨 우리, баяр 바야르 기쁨
В в	[ㅗ/ㅜ/ㅂ]	ваар 와르 도자기, Вандан 완당 (사람 이름), хавар 하와르 봄
Г г	[ㄱ]	гар 가르 손, газар 가짜르 장소, гэр 게르 몽골 전통 가옥
Д д	[ㄷ/ㄸ]	дарга 다락 사장, дугуй 도고이 자전거, бид 비드 우리
Ж ж	[ㅈ]	жар 자르 숫자 60, жишээ 지셰 예시, жүжиг 주찍 연극
З з	[ㅈ/ㅉ]	загас 자가스 물고기, зургаа 조르가 숫자 6, газар 가짜르 장소
К к	[ㅋ]	карт 카르트 카드, кино 키노 영화, кофе 커페 커피
Л л	[ㄹ]	лаа 라 초, хэл 헬 혀/언어, хоол 헐: 밥/음식
М м	[ㅁ]	мал 말 가축, мах 마흐 고기, малгай 말가이 모자
Н н	[ㄴ/ㅇ]	нас 나스 나이, ном 넘 책, найз 내즈 친구
П п	[ㅍ]	парк 파르크 공원, пүүз 푸:즈 운동화
Р р	[ㄹ/르]	радио 라디오 라디오, Рагчаа 락차: (사람 이름), сар 사르 달
С с	[ㅅ]	сар 사르 달, сэлэм 셀렘 검, сонин 서닝 신문
Т т	[ㅌ]	та 타 당신, тийм 팀: 네(yes), тэмээ 테메: 낙타
Ф ф	[ㅍ]	Франц 프란츠 프랑스, фото 퍼터 사진, кофе 커페 커피
Х х	[ㅎ]	хавар 하와르 봄, хэл 헬 혀/언어, хол 헐 멀다
Ц ц	[ㅊ]	цаг 착 시계, цаас 차:쓰 종이, цонх 청흐 창문
Ч ч	[ㅊ]	чи 치 너, чихэр 치헤르 사탕, чоно 천 늑대
Ш ш	[시]	ширээ 시레: 탁자, шүүгээ 슈:게: 서랍, шөнө 슌 밤
Щ щ	[스]	щи 쉬 러시아식 양배추 수프, борщ 버르쉬 수프

※ 발음에 유의해야 할 자음

① н

н은 뒤에 모음이 오면 [ㄴ]으로 발음하고 н 뒤의 단모음은 발음하지 않으며, 모음이 오지 않으면 [ㅇ]으로 발음한다.

хана 한 벽   хаан 항 왕

② л – р

л과 р는 모두 [ㄹ]과 유사한 발음이나, л은 받침으로 발음되는 [ㄹ] 발음이고, р는 초성에 나오는 [ㄹ]의 발음이다.

бал 발 볼펜   бар 바르 호랑이

③ ж – з, ц – ч

ж, з는 둘 다 [ㅈ] 발음, ц, ч는 둘 다 [ㅊ] 발음과 유사하게 들리므로 구분하기 어렵다. 그러나 ж와 ч가 발음할 때 조금 더 혓바닥 뒤쪽에서 소리가 난다.(치경음) 또, ж와 ч는 어말에 위치할 경우 각각 [찌], [치]로 발음한다는 차이가 있다.

аз 아쯔 행운   бөгж 북찌 반지   гарц 가르츠 입구   эмч 엠치 의사

④ к, п, ф, щ

이 4개의 자음은 외래어에서만 사용된다. п의 경우 일부 몽골어의 의성어나 의태어에서 사용되기도 한다.

кофе 커페 커피   парк 파르크 공원   фото 퍼터 사진   борщ 버르쉬 수프

4. 부호   🎧 00-4

부호는 ъ, ь 두 가지가 있고, 다음과 같은 역할을 한다.

경음부호 ъ	경음부호 ъ는 자음 뒤에 오고, 앞 자음의 발음을 강하게 하는 역할을 한다.
연음부호 ь	연음부호 ь는 자음 뒤에 오고, 앞 자음의 발음을 부드럽게 하는 역할을 한다.

※ 연음부호 ь의 여부에 따라 의미가 달라지기 때문에 발음에 유의해야 한다.

ам 암 입   vs.   амь 앰 생명

тав 타옵 다섯   vs.   тавь 태옵 내려놓아(명령형)

бар 바르 호랑이   vs.   барь 배리 붙잡아(명령형)

5. 강세   🎧 00-5

몽골어에서 단어의 강세는 첫음절에 온다.

ар ↘ га 아락 방법   ёо ↘ тон 여텅 각설탕   бай ↘ на 바인 있다

2 어순

몽골어는 한국어와 마찬가지로 '주어 + 목적어 + 서술어'의 어순을 갖는다.

> **Би ном уншсан.**
> 나는   책을   읽었다.

또 수식하는 어휘는 피수식어 앞에 온다.

> **миний ном**
> 나의   책

3 모음조화

몽골어는 한 단어 안에서 첫모음의 성질에 따라 이후 음절에도 같은 성질의 모음끼리 결합하는 성질이 있다. 이를 '모음조화'라고 한다. 이는 한국어의 양성모음, 음성모음의 개념과 유사하다. (예를 들어, 한국어의 경우 '반짝반짝', '번쩍번쩍'은 자연스러우나 '반쩍반쩍'은 부자연스럽게 느껴진다.) 모음조화 규칙에 따라 모음은 남성모음, 여성모음, 중성모음으로 구분할 수 있다.

남성모음(7)	여성모음(5)	중성모음(1)
а, о, у, я, ё, ю(у), ы	э, ө, ү, е, ю(ү)	и

첫음절이 남성모음으로 시작했다면 그 이후의 음절도 남성모음과, 첫음절이 여성모음으로 시작했다면 그 이후의 음절도 여성모음과 결합하게 된다. 단, 중성모음 и의 경우 남성모음, 여성모음 둘 다 결합할 수 있다.

남성모음	бага 박 작은, гурав 고랍 숫자 3, орон 어렁 국가
여성모음	гэдэс 게데스 배(신체 부위), мөнгө 뭉그 돈, үнэг 우넥 여우
중성모음	алим 알림 사과, жишээ 지셰 예시, жүжиг 주찍 연극

이때 남성모음으로 이루어진 단어를 '남성어', 여성모음으로 이루어진 단어를 '여성어'라고 한다. 단, 중성모음으로만 이루어진 경우에는 여성어로 간주한다.

종결어미나 격어미 등을 연결할 때에는 모음조화를 반드시 지켜야 하기 때문에 숙지하여야 한다.

Сайн байна уу?

안녕하세요?

주요 문법

• 인칭대명사   • 지시대명사   • 의문사가 있는 의문문   • 호격 조사

회화

Танилцах

Хёнү
Сайн байна уу?
사인 바이 노

Уянга
Сайн. Сайн байна уу?
사인 사인 바이 노

Хёнү
Намайг Хёнү гэдэг. Таны нэр хэн бэ?
나마익 현우 게떽 타니 네르 헹 베

Уянга
Миний нэр Уянга.
미니 네르 오양가

Хёнү
Уулзсандаа* баяртай байна.
올즈승다 바야르타이 바인

Уянга
Би ч бас уулзсандаа баяртай байна.
비 치 바쓰 올즈승다 바야르타이 바인

Хёнү
Энэ хэн бэ?
엔 헹 베

Уянга
Энэ Бат.
엔 바트

---

* 몽골어의 발음 약화
몽골어는 첫음절에 강세가 있기 때문에 첫음절 이외의 모음은 약화된다. байна의 경우 [바이나]로 발음해야 하나 실제로는 첫음절 이외의
모음은 약화되어 [바인]처럼 발음된다. уулзсандаа의 경우 철자 그대로는 [올:즈산다]로 발음해야 하나, 실제로는 첫음절 이외의 모음은 약화되어
[올즈승다]처럼 발음된다.

해석

소개하기

현우   안녕하세요?

오양가 네. 안녕하세요?

현우   제 이름은 현우입니다. 당신의 이름은 무엇입니까?

오양가 제 이름은 오양가입니다.

현우   만나서 반갑습니다.

오양가 저도 만나서 반갑습니다.

현우   이분은 누구십니까?

오양가 이분은 바트입니다.

새 단어 및 표현

- сайн 사인 [형] 좋다
- байна 바인 [동] 있다/계시다
- намайг 나마익 [대] 저를/나를(대격)
- гэдэг 게떽 [동] ~라고 한다
- нэр 네르 [명] 이름

- миний 미니 [대] 나의/저의(소유격)
- баяртай 바야르타이 안녕/안녕히 가세요(작별 인사), [형] 반갑다/기쁘다
- ч бас 치 바쓰 [부] 도/역시(ч, бас 단독으로도 같은 의미)
- хэн 헹 [의] 누구

문법

1 인칭대명사

	단수	복수
1인칭	би 비 나/저	бид(бид нар) 비뜨(비뜨 나르) 우리들/저희들
2인칭	чи 치 너, та 타 당신	та нар 타 나르 너희들/당신들
3인칭	энэ 엔 이것/이 사람	эд(эд нар) 에뜨(에뜨 나르) 이것들/이 사람들
	тэр 테르 저것/저 사람	тэд(тэд нар) 테뜨(테뜨 나르) 저것들/저 사람들

2인칭 단수 표현에는 두 가지가 있다. 웃어른을 높여 부를 때는 남녀 구별 없이 та(당신)를 사용하고, 친구나 나이가 어린 사람을 부를 때는 남녀 구별 없이 чи(너)를 사용한다. 단, 2인칭 복수 표현은 та нар 한 가지 형 태만 사용한다.

Та сайн байна уу? 안녕하세요?   Чи сайн уу? 안녕?

2 지시대명사

① 단수 지시대명사

3인칭 대명사 энэ 엔과 тэр 테르는 지시대명사로도 사용될 수 있다. 단독으로도 사용할 수 있으며, 지시대명사 뒤에 사람 혹은 사물 어휘를 붙여 사용할 수도 있다. энэ은 가까운 것을 가리킬 때, тэр는 멀리 있는 것을 가 리킬 때 사용하며, тэр는 한국어로 '그(그것)', '저(저것)' 둘 다 나타낼 수 있다.

사람	사물
энэ 엔, энэ хүн 엔 훙 이 사람	энэ 엔, энэ юм(зүйл) 엔 윰(주일) 이것
тэр 테르, тэр хүн 테르 훙 그/저 사람	тэр 테르, тэр юм(зүйл) 테르 윰(주일) 그것/저것

* хүн은 '사람', юм, зүйл은 '것'이란 뜻

Энэ миний дэвтэр. 이것은 내 공책이다.   * миний 나의(би의 속격) 속격은 2과 참고

= Энэ дэвтэр миний дэвтэр. 이 공책은 내 공책이다.

Тэр Бат. 저 사람은 바트이다.

= Тэр хүн Бат. 저 사람은 바트이다.

단, 지시대명사가 가리키는 사람이 화자보다 연장자일 경우, энэ이나 тэр를 단독으로 사용하기보다는 뒤에 хүн을 붙여 사용하는 것이 좋다.

② 복수 지시대명사

복수 지시대명사는 가까운 것을 가리키는 경우 эдгээр 에드게르, 멀리 있는 것을 가리키는 경우 тэдгээр 테드게르로 변형하여 사용한다. 단수와 마찬가지로 단독으로 사용할 수 있으며, 지시대명사 뒤에 사람 혹은 사물 어휘를 붙여 사용할 수도 있다. 단, 수식을 받는 명사는 복수형으로 사용한다.

사람	사물
эдгээр хүмүүс 에드게르 후무스 이 사람들	эдгээр зүйлс 에드게르 주일스 이것들
тэдгээр хүмүүс 테드게르 후무스 그/저 사람들	тэдгээр зүйлс 테드게르 주일스 그것들/저것들

* хүмүүс: хүн(사람)의 복수형 / зүйлс: зүйл(것)의 복수형

3 의문사가 있는 의문문

몽골어는 한국어와 같이 '주어(S) + 목적어(O) + 서술어(V)'의 어순을 가진 언어이다. 몽골어 의문문을 만들기 위해서는 평서문 문장 끝에 의문첨사를 붙여 의문문임을 나타낸다. 이때 의문사가 있는 의문문의 경우, 문장 끝에 의문첨사 бэ 베나 вэ 웨를 붙인다.

참고 몽골어 의문사에는 хэн 헹 (누구), юу 요 (무엇), хэзээ 헤쩨 (언제), хаана 한 (어디), аль 알 (어느) 등이 있다.

▶ 의문첨사 бэ: 문장이 Н, М, В로 끝나는 경우

Та хэн бэ? 당신은 누구입니까?   Таны нэр хэн бэ? 당신의 이름은 무엇입니까?

▶ 의문첨사 вэ: 문장이 Н, М, В 이외의 자음 또는 모음으로 끝나는 경우(бэ를 사용하지 않는 나머지 경우)

Энэ юу вэ? 이것은 무엇입니까?   Тэр юу вэ? 저것은 무엇입니까?

4 호격 조사

한국어 '~야'처럼 사람을 부를 때에는 이름 뒤에 호격 조사 aa[4]를 붙이고, 앞 단어와 띄어 쓴다. 호격 조사는 이중모음으로 끝나는 이름, 외래어 이름에는 잘 붙지 않는다.

참고 조사 위에 '4'라는 숫자가 붙은 것은, 모음조화에 따라 모음을 a, o, э, ө 4가지 형태로 변형하여 붙여야 함을 의미한다.

Бат аа! 바트야!   Солонго оо! 설렁거야!

Сүх ээ! 수헤야!   Мөнх өө! 뭉흐야!

핵심표현

① 인사하기

● 일반적인 인사

A: Сайн байна уу? 안녕하세요?
B: Сайн. Та сайн байна уу? 네. 안녕하세요.

● 친하거나 자신보다 어린 사람에게 인사

A: Сайн уу? 안녕?
B: Сайн. Чи сайн уу? 응. 안녕?

☐ 이름을 직접 부르면서 인사할 수 있다. 이때, 이름 뒤에는 모음조화에 따라 호격
조사 'аа, оо, өө, ээ'를 연결한다.

Баяр аа, сайн уу? 바야르, 안녕?

☐ гуай 과이는 '~씨', '~님'과 같은 표현으로, 상대를 높여 부를 때 사용한다.

Дамба гуай, та сайн байна уу? 담바 씨, 안녕하세요?

〈아침 인사〉
Өглөөний мэнд.
우글러니 멘드

〈점심 인사〉
Өдрийн мэнд.
우드링 멘드

〈저녁 인사〉
Оройн мэнд.
어러잉 멘드

② 이름 묻고 답하기

A: Таныг хэн гэдэг вэ? 당신을 누구라고 합니까?
B: Намайг Бат гэдэг. 저를 바트라고 합니다.

A: Таны нэр хэн бэ? 당신의 이름은 무엇입니까?
B: Миний нэр Бат. 제 이름은 바트입니다.

☐ 이름을 묻고 답할 때에는 대격(~을/를)을 사용한 표현과, 소유격(~의)을 사용
한 표현 두 가지가 있다. 대격과 소유격은 2과와 10과 참고

☐ 나보다 어린 사람에게 묻는 경우 таныг 타닉 대신에 чамайг 차마익을,
таны 타니 대신에 чиний 치니를 사용할 수 있다.

몽골어로 말해 보세요.

①
(1) 바트(Бат) 씨, 안녕하세요?
(2) 사랑(Саран)아, 안녕?
(3) 철수(Чольсү) 씨, 안녕하세요?

몽골어로 말해 보세요.

②
(1) 네 이름은 무엇이니? /
   내 이름은 수현(Сүхёнь)이야.
(2) 네 이름은 무엇이니? /
   내 이름은 사라(Сараа)야.
(3) 당신의 이름은 무엇입니까? /
   제 이름은 솝드(Сувд)입니다.

❸ 헤어질 때 인사하기

> Сайн яваарай. 안녕히 가세요.
> Сайн сууж байгаарай. 잘 지내세요.
> ┈┈┈┈┈┈┈┈┈┈┈┈┈┈┈┈┈┈┈┈┈┈┈
> Баяртай. Маргааш уулзъя. 안녕히 계세요(가세요). 내일 만나요.
> Дараа уулзъя. Сайхан амраарай. 또 만나요. 잘 쉬세요.

▫ **Сайн яваарай**는 직역하면 '잘 가세요'라는 의미로, '안녕히 가세요'라는 의미로 사용할 수 있다.

▫ **Баяртай**는 헤어질 때 하는 가장 대표적인 인사이다. 한국어의 '안녕히 가세요', '안녕히 계세요' 두 가지 의미로 모두 사용이 가능하다.

몽골어로 말해 보세요.

❸
(1) 안녕히 가세요.

(2) 잘 쉬세요.

(3) 안녕히 계세요. 또 만나요.

❹ 사람 묻고 답하기

> A: Энэ хүн хэн бэ? 이분은 누구십니까?
> B: Энэ хүн багш. 이분은 선생님입니다.
> ┈┈┈┈┈┈┈┈┈┈┈┈┈┈┈┈┈┈┈┈┈┈┈
> A: Тэр хүн хэн бэ? 저분은 누구십니까?
> B: Тэр хүн Бат. 저분은 바트입니다.

▫ 가까이 있는 것은 энэ(이것), 멀리 있는 것은 тэр(저것)라고 한다.

▫ 사람의 경우 хүн(사람)을 붙여 энэ хүн(이 사람, 이분), тэр хүн (저 사람, 저분)이라고 한다.

몽골어로 말해 보세요.

❹
(1)

(2)

더르찌(Дорж)

선생님(багш)

(3)

체첵(Цэцэг)

연습문제

1 문장을 듣고 빈칸에 알맞은 단어를 〈보기〉에서 골라 쓰세요. 🎧 01-3

| 보기 | яваарай Дараа сайхан гэдэг таныг нэр байна Баяртай

(1) Сайн _____ уу?

(2) _____. Сайн _____.

(3) _____ хэн гэдэг вэ?

(4) Намайг Хёнү _____.

(5) Таны _____ хэн бэ?

(6) _____ уулзъя. _____ амраарай.

2 문장을 듣고 들리는 순서대로 번호를 나열하세요. 🎧 01-4

(1) Сайн байна уу?

(2) Сайн уу?

(3) Таны нэр хэн бэ?

(4) Миний нэр Цэцэг.

(5) Миний нэр Солонго.

(6) Таныг хэн гэдэг вэ?

(7) Намайг Уянга гэдэг.

(8) Намайг Солонго гэдэг.

(9) Баяртай.

(10) Сайхан амраарай.

➡ _____

3 빈칸에 알맞은 의문첨사를 쓰세요.

(1) Тэр хүн хэн _____?

(2) Энэ юу _____?

(3) Таны ажил мэргэжил юу _____?   * ажил мэргэжил 직업

(4) Таныг хэн гэдэг _____?

(5) Чамайг хэн гэдэг _____?

(6) Энэ хэн _____?

4 다음 문장을 몽골어로 쓰세요.

(1) 안녕하세요?

_____

(2) 당신의 이름은 무엇입니까?

_____

(3) 제 이름은 설렁거입니다.

_____

(4) 내일 만나요.

_____

(5) 잘 쉬세요.

_____

(6) 저분은 누구십니까?

_____

몽골 문화기행

❈ 몽골 개관 ❈

몽골은 지리적으로 아시아 중앙에 위치한 내륙 국가로, 북쪽으로는 러시아, 남쪽으로는 중국과 국경을 접하고 있다. 면적은 1,564,116km²로 한반도의 약 7배이며, 전 세계 국가 중 17위를 차지한다. 그러나 면적에 비해 인구는 3,457,548명(2022년 말 기준)으로 적으며, 인구밀도도 1km² 당 2명을 넘지 않는다.

평균 해발고도는 1,587m이며, 내륙에 위치하고 있기 때문에 강수량이 적고(평균 200mm 초반) 일교차와 연교차가 크다. 거대한 영토를 가진 만큼 지역에 따라 지리적으로 다른 모습을 보이며, 서부 지역은 산악 지대, 남부는 사막 지대, 중북부와 동부는 초원 지대로 이루어져 있다.

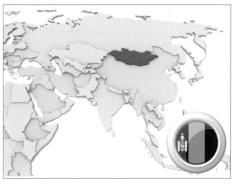

▶ 몽골의 위치

몽골의 수도는 울란바토르(Улаанбаатар)이며 전체 인구의 절반 정도가 수도에 거주하고 있다. 울란바토르의 연평균 기온은 영하 0.4도 정도로, 세계에서 제일 추운 수도로 알려져 있다.

몽골은 수도와 21개의 아이막(аймаг)으로 구성되어 있는데, 아이막은 한국의 도(道)와 유사한 개념이다. 아이막마다 중심 도시가 있고, 아이막 밑에는 315개의 솜(сум, 한국의 군(郡)과 유사)이 있으며, 솜 밑에는 박(баг, 한국의 면(面)과 유사)이 있다.

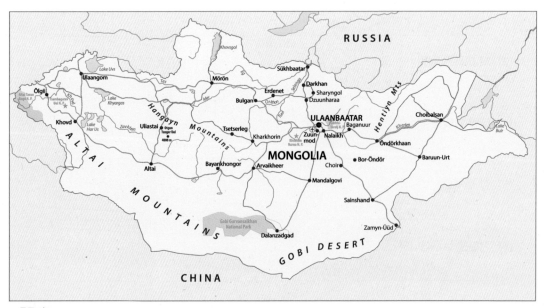

▶ 몽골 지도

Энэ хүн манай аав.

이분은 제 아버지입니다.

주요 문법

• 속격 어미 -ын/ийн   • 인칭대명사의 속격   • 의문사가 없는 의문문   • 긍정과 부정 표현

Гэр бүлийн зураг

Хөнү   Уянга аа, энэ танай гэр бүлийн зураг уу?
오양가   엔 타나이 게르 불링   조락 오

Уянга   Тийм, манай гэр бүлийн зураг.
팀   마나이 게르 불링   조락

Энэ хүн манай аав. Харин энэ хүн ээж.
엔   훙   마나이 아우 하링   엔 훙   에지

Хөнү   Энэ чиний эмэгтэй дүү юү?
엔   치니   에멕테   두 유

Уянга   Үгүй, миний эгч.
우귀   미니   에그치

Хөнү   Энэ бас чиний эгч үү?
엔   바스 치니   에그치 우

Уянга   Үгүй, эмэгтэй дүү. Харин энэ миний ах.
우귀   에멕테   두 하링   엔 미니   아흐

해석

가족 사진

현우	오양가, 이것은 당신의 가족 사진인가요?
오양가	네, 제 가족 사진이에요.
	이분은 아버지예요. 그리고 이분은 어머니예요.
현우	이 사람은 당신의 여동생인가요?
오양가	아니요, 제 언니예요.
현우	이분도 당신의 언니인가요?
오양가	아니요, 여동생이에요. 그리고 이 사람은 제 오빠예요.

새 단어 및 표현

- танай 타나이 [대] 당신의
- гэр бүл 게르 불 [명] 가족
- зураг 조락 [명] 사진
- гэр бүлийн зураг 게르 불링 조락 가족 사진
- тийм 팀 [형] 네
- манай 마나이 [대] 우리
- аав 아우 [명] 아버지/아빠

- харин 하링 [접] 그렇지만/그러나
  (문맥에 따라 다양하게 해석됨)
- ээж 에지 [명] 어머니/엄마
- дүү 두 [명] 동생
  (эрэгтэй дүү 남동생, эмэгтэй дүү 여동생)
- эгч 에그치 [명] 누나/언니
- ах 아흐 [명] 형/오빠

문법

1 속격 어미 -ын/ийн

속격 어미는 명사와 명사 사이에서 사용하며, 뒤 단어가 앞 단어의 '소유', '소속'임을 나타내 주는 기능을 한다. 속격 어미는 아래와 같이 3가지 형태로 사용된다.

① -ын/ийн

н 이외의 자음이나 단모음으로 끝나는 단어의 경우 모음조화 법칙에 따라 남성 단어에는 **-ын**, 여성 단어에는 **-ийн**을 붙인다. 이때, 단모음으로 끝나는 단어는 단모음을 삭제하고 붙인다.

남성어 + **-ын**		여성어 + **-ийн**	
ax 형	ахын 형의	эгч 누나	эгчийн 누나의
дарга 사장	даргын 사장의	Цэцэг 체첵(사람 이름)	Цэцэгийн 체첵의

Ахын нэр Бат.   형의 이름은 바트입니다.

Энэ эгчийн ном.   이것은 누나의 책입니다.

※ 남성 단어라도 **г, ж, ч, ш, ь, и**로 끝나는 경우에는 **-ийн**을 붙인다.

зураг 사진	зургийн 사진의	Дорж 더르찌	Доржийн 더르찌의
сурагч 학생	сурагчийн 학생의	багш 선생님	багшийн 선생님의
байгаль* 자연	байгалийн 자연의	анги 교실	ангийн 교실의

* ь로 끝나는 단어의 경우 ь를 삭제하고 -ийн을 붙인다.

Энэ хүн Доржийн аав.   이분은 더르찌의 아버지입니다.

Энэ миний ангийн найз Туяа.   이 사람은 나의 반 친구 토야입니다.

② -ы/ий

н으로 끝나는 단어에 연결한다. 남성 단어의 경우 **-ы**, 여성 단어의 경우 **-ий**을 붙인다.

남성어 + **-ы**		여성어 + **-ий**	
зун 여름	зуны 여름의	хүн 사람	хүний 사람의

зуны амарлт   여름 방학

Энэ хэний ном бэ?   이것은 누구의 책인가요?

참고 1. 몽골어에는 '숨은 H'이 포함된 단어가 있어서, 기본 형태에는 나타나지 않으나 격어미를 붙이면 H이 나타나는 경우가 있다. 몽골어가 모어가 아닌 외국인에게는 언제 붙여야 하는지 알 수 없기 때문에, 나올 때마다 암기하여야 한다.

남성어 + -ы		여성어 + -ий	
ДУУ 노래	ДУУНЫ 노래의	ШИРЭЭ 책상	ШИРЭЭНИЙ 책상의
ХООЛ 음식	ХООЛНЫ 음식의	ХЭЛ 언어	ХЭЛНИЙ 언어의

ДУУНЫ НЭР   노래의 제목

ХООЛНЫ ГАЗАР   식당

2. H으로 끝나는 일부 단어 및 장모음으로 끝나는 일부 단어에는 아래와 같이 붙인다. 이때 장모음으로 끝나는 단어들은 사람과 관련된 단어들이다.

남성어 + -г + -ийн		여성어 + -г + -ийн	
байшин 건물	байшингийн 건물의	ӨВӨӨ 할아버지	ӨВӨӨГИЙН 할아버지의
цалин 월급	цалингийн 월급의	ДҮҮ 동생	ДҮҮГИЙН 동생의

ӨВӨӨГИЙН НОМ   할아버지의 책

ДҮҮГИЙН ГУТАЛ   동생의 신발

③ -н

이중모음 또는 -ий로 끝나는 단어에 붙인다.

남성어 + -н		여성어 + -н	
малгай 모자	малгайн 모자의	эрэгтэй 남자	эрэгтэйн 남자의
могой 뱀	могойн 뱀의	эмэгтэй 여자	эмэгтэйн 여자의

малгайн бүч   모자의 끈

эмэгтэйн нэр   여성의 이름

문법

2 인칭대명사의 속격

	단수	복수
1인칭	**миний** 미니 나의	**бидний** 비드니, **бид нарын** 비드 나링 우리의/저희들의
2인칭	**чиний** 치니 너의	**та нарын** 타 나링 너희들의/당신들의
	таны 타니 당신의	
3인칭	**энэний** 에니, **үүний** 우니 이 사람의	**эдний** 에드니, **эд нарын** 에드 나링 이들의/이 사람들의
	тэрний 테르니, **түүний** 투니 그 사람의	**тэдний** 테드니, **тэд нарын** 테드 나링 그들의/그 사람들의

* энэний와 тэрний의 경우 구어체에서 주로 쓰인다.

Таны нэр хэн бэ? 당신의 이름은 무엇입니까?

Миний нэр Дорж. 제 이름은 더르찌입니다.

Энэ чиний ном уу? 이것이 너의 책이니?

Энэ түүний ном. 이것은 그 사람의 책입니다.

3 의문사가 없는 의문문

의문사가 없이 '**тийм** 팀 (네)/**үгүй** 우귀 (아니요)'로 답할 수 있는 의문문에는 의문첨사 **уу** 오/**үү** 우나 **юу** 요/**юү** 유를 붙인다.

① 의문첨사 уу/үү

의문첨사 уу/үү는 자음이나 단모음으로 끝나는 단어 뒤에 붙인다. 이때 모음조화 법칙에 따라 문장이 남성단어로 끝나는 경우 уу, 여성단어로 끝나는 경우 үү를 붙인다.

уу	үү
Багш уу? 선생님입니까?	Дэвтэр үү? 공책입니까?
Дорж уу? 더르찌입니까?	Мөс үү? 얼음입니까?
Ус уу? 물입니까?	Солонгос хүн үү? 한국 사람입니까?

Энэ хүн багш уу? 이 사람은 선생님입니까?

Энэ хүн Бат уу? 이 사람은 바트입니까?

② 의문첨사 юу/юү

의문첨사 юу/юү는 장모음이나 이중모음으로 끝나는 단어 뒤에 붙인다. 모음조화 법칙에 따라 남성단어로 끝나는 단어 뒤에는 юу, 여성단어로 끝나는 단어 뒤에는 юү를 붙인다.

юу	юү
Энэ харандаа юу? 이것은 연필입니까?	Өвөө юү? 할아버지입니까?
Тэр малгай юу? 그것은 모자입니까?	Бээлий юү? 장갑입니까?

4 긍정과 부정 표현

① 긍정 표현 тийм: '네'라는 긍정의 대답은 тийм 팀이라고 하며 문장의 맨 앞에 온다.

A: Энэ хүн багш уу? 이 사람은 선생님입니까?

B: Тийм, энэ хүн багш. 네, 이 사람은 선생님입니다.

② 부정 표현 үгүй: '아니요'라는 부정의 대답은 үгүй 우귀라고 하며 문장의 맨 앞에 온다.

A: Тэр малгай юу? 그것은 모자입니까?

B: Үгүй, тэр бээлий. 아니요, 그것은 장갑입니다.

③ 명사류 부정 표현 биш: '~이 아니다'라는 뜻의 биш 비쉬는 부정하려는 명사 또는 형용사 뒤에 붙인다.

A: Энэ ном уу? 이것은 책입니까?

B: Үгүй, энэ ном биш. Энэ дэвтэр. 아니요, 이것은 책이 아닙니다. 이것은 공책입니다.

A: Тэр Дорж уу? 저분은 더르찌입니까?

B: Үгүй, тэр Дорж биш. Тэр Билгүүн.

아니요, 저분은 더르찌가 아닙니다. 저분은 빌궁입니다.

핵심표현

❶ 물건 이름 묻고 답하기

• 가까이 있는 대상

A: **Энэ юу вэ?** 이것은 무엇입니까?

B: **Энэ ном.** 이것은 책입니다.

• 멀리 있는 대상

A: **Тэр юу вэ?** 그것(저것)은 무엇입니까?

B: **Тэр ном.** 그것(저것)은 책입니다.

□ 방에서 볼 수 있는 물건들

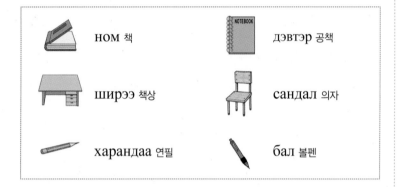

	ном 책		**дэвтэр** 공책
	ширээ 책상		**сандал** 의자
	харандаа 연필		**бал** 볼펜

❶

(1) 이것은 무엇입니까? /
    이것은 의자입니다.

(2) 이것은 무엇입니까? /
    이것은 공책입니다.

(3) 저것은 무엇입니까? /
    저것은 연필입니다.

❷ 속격 어미로 소유 표현하기

A: **Энэ хэний ном бэ?** 이것은 누구의 책입니까?

B: **Энэ миний ном.** 이것은 제 책입니다.

────────────────────────

A: **Тэр хэний ном бэ?** 저것은 누구의 책입니까?

B: **Тэр Батын ном.** 저것은 바트의 책입니다.

□ 의문사에 속격 어미를 붙여 **хэний**(누구의), **юуны**(무엇의)처럼 사용할 수 있다.

❷

(1) 이것은 누구의 볼펜입니까? /
    이것은 제 볼펜입니다.

(2) 이것은 누구의 공책입니까? /
    이것은 체첵(Цэцэг)의 공책입니다.

(3) 저것은 누구의 연필입니까? /
    저것은 뭉흐(Мөнх)의 연필입니다.

❸ 의문사가 없는 의문문

A: Энэ таны ном уу? 이것은 당신의 책입니까?
B: Тийм, энэ миний ном. 네, 이것은 제 책입니다.

A: Энэ таны ном уу? 이것은 당신의 책입니까?
B: Үгүй, энэ миний ном биш. Энэ Батын ном.
아니요, 이것은 제 책이 아닙니다. 이것은 바트의 책입니다.

☐ мөн을 사용하여 '맞다'라는 의미를 추가할 수 있다.

A: Энэ таны ном мөн үү? 이것은 당신의 책이 맞나요?
B: Мөн. Энэ миний ном. 맞습니다. 이것은 제 책입니다.

❹ 가족

A: Энэ хэн бэ? 이분은 누구십니까?
B: Энэ манай аав. 이분은 우리 아버지이십니다.

A: Энэ хэн бэ? 이분은 누구십니까?
B: Энэ манай дүү. 이 사람은 우리 동생입니다.

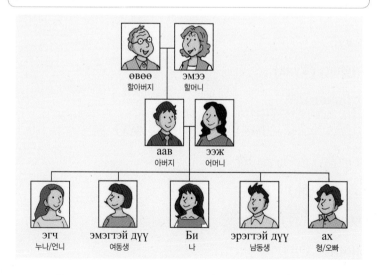

☐ манай는 '우리(의)'의 의미이다. 한국어의 '우리 집', '우리 학교'의 의미처럼 사용되며, 특별히 '복수'의 의미를 강조할 때는 бидний(бид нарын)을 사용한다.

❸
(1) 이것은 당신의 공책인가요? / 네, 이것은 제 공책입니다.
(2) 이것은 당신의 연필인가요? / 아니요, 이것은 제 연필이 아닙니다.
(3) 이것은 바트의 사진인가요? / 아니요, 이것은 바트의 사진이 아닙니다. 오양가의 사진입니다.

❹
(1) 아버지
(2) 남동생
(3) 할머니

연습문제

1 문장을 듣고 빈칸에 알맞은 단어를 〈보기〉에서 골라 쓰세요. 🎧 02-3

| 보기 | биш   Батын   зураг   эмэгтэй   манай   үү   ээж

(1) Энэ танай гэр бүлийн _____ уу?

(2) Энэ _____ гэр бүлийн зураг.

(3) Энэ хүн манай _____.

(4) Тэр миний _____ дүү.

(5) Энэ танай эгч _____?

(6) Энэ миний ном _____, _____ ном.

2 대화를 읽고 빈칸에 알맞은 속격 형태를 쓰세요.

| 보기 | A: Энэ Доржийн хувцас уу?
B: Тийм. Энэ түүний хувцас. (тэр)

(1) A: Энэ хэний зураг вэ?

   B: Энэ _____ зураг. (Туяа)

(2) A: Энэ хэний сурах бичиг вэ?

   B: Энэ _____ _____ сурах бичиг. (манай дүү)

(3) A: Энэ хэний гутал вэ?   *гутал 신발

   B: Энэ _____ гутал. (би)

(4) A: Тэр хэний ширээ вэ?

   B: Тэр _____ ширээ. (энэ)

3 빈칸에 알맞은 의문첨사를 쓰세요.

(1) Энэ таны ном _____?

(2) Тэр Батын ширээ _____?

(3) Энэ Цэцэгийн харандаа _____?

(4) Энэ ус _____, сүү _____?

(5) Тэр ном _____, дэвтэр _____?

(6) Энэ Дорж _____, Мөнх _____?

4 다음 문장을 몽골어로 쓰세요.

(1) 이것은 저의 가족 사진입니다.

_____

(2) 이분은 형인가요, 남동생인가요?

_____

(3) 이분은 바트 맞나요?

_____

(4) 이분은 선생님이 아닙니다.

_____

(5) 당신은 한국 사람인가요?

_____

(6) 이것은 선생님의 책입니다.

_____

몽골 문화기행

✖ 인사 표현 ✖

몽골 사람들은 인사를 매우 중요하게 생각하며, 시간과 때에 따라 다양한 인사 표현을 사용한다.

I. 일상적인 인사(자주 사용하는 표현)

① 안부를 묻는 인사

Сонин юутай вэ?(Сонин юу байна?)

별일 없습니까?

② 건강에 대한 인사

Та сайн сууж байна уу? 당신은 잘 지내고 계세요?

Бие сайн уу?(Таны бие сайн уу?)

당신의 건강은 어떻습니까?

▶ 몽골의 인사

③ 일 또는 학업에 대한 인사

Ажил сайн уу?(Таны ажил сайн уу?) 하는 일은 잘됩니까?

Сурлага өндөр үү?(Хичээл ном сайн уу?) 공부는 잘되고 있습니까?

⑤ 계절에 따른 인사

Сайхан хаваржиж байна уу? 즐거운 봄 보내고 계십니까?

Сайхан зусаж байна уу? 즐거운 여름 보내고 계십니까?

Сайхан намаржиж байна уу? 즐거운 가을 보내고 계십니까?

Сайхан өвөлжиж байна уу? 즐거운 겨울 보내고 계십니까?

II. 대답

Юмгүй (ээ). 별일 없습니다.

Юмгүй дээ. 별일 없습니다.

Сайн. 좋습니다.

Маш сайн байгаа. 아주 잘되고 있습니다.

Өндөр. 좋습니다.

Би Солонгосоос ирсэн.

저는 한국에서 왔습니다.

주요 문법

• 탈격 어미 -aac[4]   • 인칭대명사의 탈격

회화

Монгол хэлний хичээл дээр

Уянга
Хёнү, чи Япон хүн үү?
현우　　치　야펑　후　누

Хёнү
Үгүй, би Солонгос хүн. Би Солонгосоос ирсэн.
우귀　비　설렁거스　훙　비　설렁거서스　이르승

Харин чи хаанаас ирсэн бэ?
하링　치　하나스　이르승　베

Уянга
Аан, тийм үү? Би Монгол хүн.
앙　티　무　비　멍걸　훙

Хёнү
Улаанбаатар хотоос ирсэн үү?
올랑바타르　허터스　이르스　누

Уянга
Үгүй, Улаанбаатар хотоос ирээгүй.
우귀　올랑바타르　허터스　이레귀

Би Дархан хотоос ирсэн.
비　다르항　허터스　이르승

Хёнү
Чи хэзээ ирсэн бэ?
치　헤쩨　이르승　베

Уянга
Өчигдөр ирсэн.
우칙두르　이르승

해석

몽골어 수업 시간

오양가 현우야, 너는 일본 사람이야?

현우 아니, 나는 한국 사람이야. 한국에서 왔어.

  너는 어디에서 왔어?

오양가 아, 그래? 나는 몽골 사람이야.

현우 울란바토르에서 왔어?

오양가 아니, 울란바토르에서 오지 않았어.

  다르항에서 왔어.

현우 언제 왔어?

오양가 어제 왔어.

새 단어 및 표현

□ Солонгос 설렁거스 명 한국

□ ирсэн 이르승 동 왔다(ирэх '오다'의 과거형)

□ хаана 하안 의 어디

□ Монгол 멍걸 명 몽골

□ Улаанбаатар 올랑바타르 명 울란바토르(몽골의 수도)

□ хот 허트 명 도시

□ ирээгүй 이레귀 동 오지 않았다

  (ирэх '오다'의 과거 부정형)

□ Дархан 다르항 명 다르항(몽골의 도시)

□ хэзээ 헤쩨 의 언제

□ өчигдөр 우칙두르 명 어제

문법

1 탈격 어미 -aac⁴

탈격 어미는 어떠한 행위나 상태의 시작점을 나타내며, 한국어의 '~에서(from)'와 유사한 의미로 사용된다. 탈격 어미는 모음조화 법칙에 따라 -aac, -ooc, - өөc, -ээc 4가지 형태로 사용된다.

> **참고** 어미 뒤에 '4'라는 숫자가 붙은 것은, 모음조화에 따라 어미의 형태를 4가지로 변화시켜 결합함을 의미한다. 모음조화에 따른 연결은 아래와 같다.

남성모음		여성모음	
a	단어에 a, y, я가 들어가는 경우	ө	단어에 ө가 들어가는 경우
o	단어에 o, ё가 들어가는 경우	э	단어에 э, e, ү가 들어가는 경우

цаг 시(時) → цагаас 시부터

Монгол 몽골 → Монголоос 몽골에서

өчигдөр 어제 → өчигдрөөс 어제부터

дэлгүүр 가게 → дэлгүүрээс 가게에서

● 예외

① ь로 끝나는 단어의 경우 ь를 и로 바꾸고, и로 끝나는 경우 и의 탈락 없이 -иас의 형태로 결합한다.

    сургууль 학교 → сургуулиас 학교에서   анги 교실 → ангиас 교실에서

② 장모음이나 이중모음으로 끝나면서 사람과 관련된 어휘 또는 숨은 г가 있는 단어의 경우, 탈격 어미 앞에 г를 첨가한다.

    дүү 동생 → дүүгээс 동생에게서   байшин 건물 → байшингаас 건물에서

③ 장모음이나 이중모음으로 끝나면서 사람과 관련된 어휘가 아닌 경우 또는 숨은 н이 있는 단어의 경우, 탈격 어미 앞에 н을 첨가한다.

    хөдөө 시골 → хөдөөнөөс 시골에서   цүнх 가방 → цүнхнээс 가방에서

    хэл 언어 → хэлнээс 언어에서   автобус 버스 → автобуснаас 버스에서

Ах хөдөөнөөс ирсэн. 형이 시골에서 왔다.   *ирсэн 왔다(과거형)

Бат автобуснаас буусан. 바트는 버스에서 내렸다.   *буусан 내렸다(과거형)

2 인칭대명사의 탈격

	단수	복수
1인칭	надаас 나따스 나에게서	бид нараас 비뜨 나라스 우리들에게서
2인칭	чамаас 차마스 너에게서	та нараас 타 나라스 너희들에게서/당신들에게서
	танаас 타나스 당신에게서	
3인칭	үүнээс 우네스, энэнээс 에네스 이 사람에게서	эд нараас 에드 나라스 이들에게서
	түүнээс 투네스, тэрнээс 테르네스 그 사람에게서	тэд нараас 테드 나라스 그들에게서/저들에게서

Би чамаас нэг юм асууя.　*асууя 물어볼게
내가 너한테 하나 물어볼게.

Би түүнээс харандаа авсан.　*авсан 받았다(과거형)
나는 그 사람에게서 연필을 받았다.

핵심표현

❶ 안부 묻기

> A: Сонин юу байна? 별일 있으신가요?
>
> B: Юмгүй, тайван. 없어요. 평안합니다.
>
> ---
>
> A: Та сайхан амарсан уу? 잘 쉬셨나요?
>
> B: Сайхан, та сайхан амарсан уу? 네. 잘 쉬셨나요?
>
> A: Баярлалаа. Би ч бас сайхан амарсан.
>
> 감사합니다. 저도 잘 쉬었어요.

☐ 만나서 서로 안부를 물을 때, Сонин юу байна? 또는 Та сайхан амарсан уу? 같은 표현을 자주 사용한다.

☐ Баярлалаа는 감사함을 나타내는 표현이다.

몽골어로 말해 보세요.

❶

(1) 별일 있으신가요?

(2) 없어요. 평안합니다.

(3) 잘 쉬셨나요? / 잘 쉬었습니다.

❷ 국적과 출신 묻고 답하기

> A: Та хаанаас ирсэн бэ? 당신은 어디에서 오셨나요?
>
> B: Би Солонгосоос ирсэн. 저는 한국에서 왔습니다.
>
> ---
>
> A: Та Солонгос хүн үү? 당신은 한국 사람이신가요?
>
> B: Үгүй. Би Солонгос хүн биш. Япон хүн.
>
> 아니요. 저는 한국 사람이 아니에요. 일본 사람입니다.

☐ 국가명의 첫 글자는 대문자로 쓴다.

☐ 국가명에 хүн(사람)을 붙이면 '그 나라 사람'을 의미한다.

> Солонгос хүн 한국 사람   Япон хүн 일본 사람

☐ 국가명에 хэл(언어)를 붙이면 '그 나라 언어'를 의미한다. 국가 이름이 언어명으로 쓰일 때는 대문자로 시작하지 않는다.

> монгол хэл 몽골어   хятад хэл 중국어

몽골어로 말해 보세요.

❷-1

(1) 당신은 어디에서 오셨나요? / 저는 중국에서 왔습니다.

(2) 당신은 한국 사람인가요? / 아니요, 저는 한국 사람이 아닙니다. 몽골 사람입니다.

(3) 에이코(Эйко)는 어디에서 왔나요? / 그 사람은 일본에서 왔습니다.

□ 국가

Монгол 몽골

Солонгос 한국

Орос 러시아

Америк 미국

Япон 일본

Хятад 중국

Англи 영국

Герман 독일

A: Та хаанаас ирсэн бэ? 당신은 어디에서 오셨나요?
B: Би Сөүл хотоос ирсэн. 저는 서울에서 왔습니다.

A: Та аль нутгийн хүн бэ? 당신은 어느 지방 사람인가요?
B: Би Төв аймгийн хүн. 저는 톱 아이막 사람입니다.

□ Та хаанаас ирсэн бэ?는 주로 출신을 물어보는 경우에 사용한다.

□ аймаг 아이막은 몽골의 행정 단위로, 한국의 도(道)와 유사한 개념이다.

❷-2
(1) 당신은 어디에서 오셨나요? /
    저는 시골에서 왔습니다.
    톱 아이막 사람입니다.

(2) 바트는 어느 도시에서 왔나요? /
    바트는 다르항에서 왔어요.

(3) 존(Жон)은 어디에서 왔나요? /
    런던(Лондон)에서 왔어요.

❸ 시간 관련 어휘

A: Та хэзээ ирсэн бэ? 당신은 언제 오셨나요?
B: Уржигдар/Өчигдөр/Өнөөдөр ирсэн.
   그저께/어제/오늘 왔어요.

   Өчигдөр өглөө/өдөр/орой ирсэн.
   어제 아침/낮/저녁에 왔어요.

몽골어로 말해 보세요.

❸
(1) 당신은 언제 오셨나요? /
    어제 왔어요.

(2) 오양가는 언제 왔나요? /
    어제 저녁에 왔어요.

(3) 더르찌는 언제 왔나요? /
    오늘 아침에 왔어요.

연습문제

1 문장을 듣고 빈칸에 알맞은 단어를 〈보기〉에서 골라 쓰세요. 🎧 03-3

| 보기 |

Монгол   хаанаас   Улаанбаатар

сонин   хэзээ   өчигдөр орой

(1) _____ юу байна?

(2) Та _____ ирсэн бэ?

(3) Би _____ хотоос ирсэн.

(4) Тэр _____ ирсэн бэ?

(5) Би _____ хүн.

(6) Бат _____ _____ ирсэн.

2 다음 단어에 탈격 어미를 올바른 형태로 붙이세요.

| 보기 |

хэн   →   хэнээс

(1) Хятад   →   _____

(2) өчигдөр   →   _____

(3) хөдөө   →   _____

(4) автобус   →   _____

(5) дэлгүүр   →   _____

(6) Англи   →   _____

3 국가 이름을 올바르게 연결하세요.

(1) Солонгос •   • 중국

(2) Орос •   • 일본

(3) Хятад •   • 한국

(4) Герман •   • 독일

(5) Япон •   • 미국

(6) Англи •   • 영국

(7) Америк •   • 러시아

4 다음 문장을 몽골어로 쓰세요.

(1) 저는 서울에서 왔습니다.

_____

(2) 저는 몽골에서 오지 않았습니다.

_____

(3) 당신은 언제 오셨나요?

_____

(4) 저는 오늘 아침에 왔습니다.

_____

(5) 잘 쉬셨나요?

_____

(6) 오양가는 어제 저녁에 일본에서 왔습니다.

_____

몽골 문화기행

✖ 몽골의 설 '차강사르(Цагаан сар)' ✖

▶ 명절에 인사하는 어르신들

▶ 차강사르의 상차림

몽골에서는 음력 1월 1일을 '차강사르'라 하며 가장 큰 명절로 여긴다. 차강사르의 '차강(цагаан)'은 흰색을 의미하며 순결함과 깨끗함을 상징하는 동시에 처음과 시작을 의미하기도 한다. 원래 차강사르는 가을을 기념하는 행사로 유제품이 풍부하기 때문에 '차강'이라는 이름을 붙인 것으로 알려져 있다. 그러나 13세기 초 테무진을 대왕(칭기즈 칸)으로 추대한 것을 기념하기 위하여 현재와 같이 한 해의 시작을 기념하게 되었다.

차강사르에는 다양한 음식들을 준비한다. 마유주(아이락, айраг) 등의 발효주나 우룸(버터, өрөм), 아롤(ааруул) 같은 유제품을 준비하고 또 고기도 준비하는데, 양을 잡아 한 마리를 통째로 삶아 내놓는 오츠(ууц)가 차강사르의 대표적인 음식이다. 한국의 만두와 비슷한 보쯔(бууз)를 집집마다 대량으로 만들기도 한다.
또, 길쭉하고 둥근 모양의 과자인 버어브(боов)를 우물 정(井)자로 만들어 3단, 5단, 7단 등 홀수로 쌓는데, 이는 몽골에서 홀수를 길한 숫자로 여기기 때문이다. 버어브 사이에는 사탕이나 유제품 등을 함께 끼워 넣는다.

차강사르에는 어르신들에게 인사를 하는데 윗사람이 팔을 위로 하고, 아랫사람은 팔을 아래로 잡아 인사를 하며, 존경의 예를 담아 얇고 긴 천인 하닥(хадаг)을 잡아 인사하기도 한다.

차강사르 인사

- Сайхан шинэлж байна уу? 새해 맞이는 잘 하고 계십니까?
- Сар шинэдээ сайхан шинэлж байна уу? 새해 맞이는 잘 하고 계십니까?
- Сар шинэдээ сайхан шинэлээрэй. 새해 잘 보내십시오.
- Сар шинийн мэнд хүргэе. 새해 복 많이 받으십시오.

Миний ном ширээн дээр байна.

제 책은 책상 위에 있어요.

주요 문법

• 존재의 표현 байна • 위치를 나타내는 후치사 • 숫자 표현

Ангид

Хёнү
Уянга, чиний ном хаана байна вэ?
오양가 치니 넘 한 바인 웨

Уянга
Миний ном ширээн дээр байна.
미니 넘 시렝 데르 바인

Хёнү
Ширээн дээр хэдэн ном байна вэ?
시렝 데르 헤등 넘 바인 웨

Уянга
Ширээн дээр 5 ном байна.
시렝 데르 타왕 넘 바인

Хёнү
Чиний цүнх хаана байна вэ?
치니 충흐 한 바인 웨

Уянга
Миний цүнх ширээний хажууд байна.
미니 충흐 시레니 하쪼드 바인

Хёнү
Шүхэр хаана байна вэ?
슈헤르 한 바인 웨

Уянга
Шүхэр хоёр сандлын хооронд байна.
슈헤르 허여르 산들링 허런드 바인

해석

교실에서

현우	오양가, 너의 책은 어디에 있니?
오양가	내 책은 책상 위에 있어.
현우	책상 위에 몇 권의 책이 있어?
오양가	책상 위에 5권의 책이 있어.
현우	너의 가방은 어디에 있어?
오양가	내 가방은 책상 옆에 있어.
현우	우산은 어디에 있어?
오양가	우산은 두 개 의자 사이에 있어.

새 단어 및 표현

- байна 바인 통 있다(байх의 현재 시제)
- дээр 데르 부 위에
- хэдэн 헤등 의 몇
- хажууд 하쪼드 부 옆에
- шүхэр 슈헤르 명 우산
- сандал 산달 명 의자
- хооронд 허런드 부 사이에

문법

1 존재의 표현 байна

동사 **байна** 바인은 '있다'라는 뜻으로, 어떤 사물이나 사람의 존재를 직접 확인한 경우에 사용한다.

> A: **Yзэг байна уу?** 펜 있습니까?
>
> B: **Байна.** 있습니다.

байна과 유사한 의미로 **байгаа** 바이가와 **бий** 비가 있다. 두 단어 모두 '있다'라는 의미이지만, 지금 보이지 않더라도 어떤 사물의 존재를 이전에 알고 있는 경우에 사용한다.

> A: **Yзэг байна уу?** 펜 있습니까?
>
> B: **Байгаа./Бий.** 있습니다. (펜이 보이지는 않으나, 있는 것은 알고 있음)

байна/байгаа/бий의 부정 표현은 **байхгүй** 바이흐구이(없다)이다.

> A: **Yзэг байна уу?** 펜 있습니까?
>
> B: **Байхгүй.** 없습니다.

없는 것을 방금 알아챈 경우에는 **байхгүй байна**을 사용한다.

> A: **Yзэг байна уу?** 펜 있나요?
>
> B: **Байгаа. Өө, байхгүй байна.** 있어요. 아, 없어요.

2 위치를 나타내는 후치사

위치를 나타내는 후치사 앞에는 속격 어미를 연결한다. 이때, **дээр, доор, дотор** 앞에 오는 명사는 일반적으로 원형 또는 숨은 **-н**을 연결하고, 그 밖의 경우에는 **-ын**^{2}를 연결한다.

(-н)	**дээр** 데르	**доор** 도르	**дотор** 더터르
	위	아래	안

> **Компьютер ширээн дээр байна.** 컴퓨터가 책상 위에 있다.
>
> **Цүнх сандлан доор байна.** 가방이 의자 아래에 있다.
>
> **Өрөөн дотор ширээ байна.** 방 안에 책상이 있다.

-ын[2]	гадна 가든	ард/хойно 아르드/허인	урд/өмнө 오르드/우문	хажууд 하쯔드	хооронд 허런드
	밖	뒤	앞	옆	사이

Манай сургуулийн гадна талбай бий. 우리 학교 밖에 광장이 있다.

Гэрийн хойно морь байна. 집 뒤에 말이 있다.

Бат сургуулийн хажууд байна. 바트는 학교 옆에 있다.

3 숫자 표현

 04-2

	기본 형태	기본 형태 + -н		기본 형태	기본 형태 + -н
1	нэг	нэг[*]	20	хорь	хорин
2	хоёр	хоёр[*]	30	гуч	гучин
3	гурав	гурван	40	дөч	дөчин
4	дөрөв	дөрвөн	50	тавь	тавин
5	тав	таван	60	жар	жаран
6	зургаа	зургаан	70	дал	далан
7	долоо	долоон	80	ная	наян
8	найм	найман	90	ер	ерөн
9	ес	есөн	100	зуу	зуун
10	арав	арван	1,000	мянга	мянган

다음과 같은 경우에는 숫자 뒤에 숨은 -н을 붙여야 한다.

① 명사 앞에 쓰여 수량을 나타낼 때 붙인다.(수식의 기능)

гурван ном 책 3권   таван харандаа 연필 5자루

② 10 이상의 숫자를 말할 때 마지막 자리를 제외하고 각 자리의 숫자마다 붙인다.

гучин гурав 33   гурван зуун гуч 330

참고 1(нэг)과 2(хоёр)는 숨은 -н을 붙이지 않고 그대로 사용한다. 그러나 날짜를 이야기할 때는 -н을 붙여야 한다. 15과 참고

нэг хүн 한 사람   гурван морь 세 마리 말   таван хүн 다섯 사람

핵심표현

❶ 물건의 위치 말하기

> A: Миний цүнх хаана байна вэ? 내 가방이 어디에 있죠?
> B: Диван дээр байна. 소파 위에 있어요.
>
> ---
>
> A: Цэцэг хаана байна вэ? 꽃이 어디에 있나요?
> B: Цонхны хажууд байна. 창문 옆에 있어요.
>
> ---
>
> A: Шүхэр хаана байна вэ? 우산은 어디에 있나요?
> B: Шүхэр, зурагт чийдэн хоёрын хооронд байна.
> 우산은, 텔레비전과 전등 사이에 있어요.

☐ '사이'라는 뜻의 хооронд를 쓸 때에는 두 물건을 언급한 뒤, 두 가지 사물임을 명시하기 위해 хоёр(2)를 붙여야 한다.

зурагт, чийдэн хоёрын хооронд 텔레비전과 전등 사이

☐ '두 의자', '두 책상'처럼 같은 종류의 물건인 경우, 물건 이름 앞에 숫자(개수)를 붙인다.

хоёр сандлын хооронд 두 의자 사이

☐ 집 관련 어휘

	цонх 창문		ор 침대
	хаалга 문		шүүгээ 서랍
	диван 소파		зурагт 텔레비전
	номын тавиур 책장		чийдэн 전등

❶-1

(1) 제 가방은 어디에 있나요? /
책상 아래에 있어요.

(2) 체첵의 우산은 어디에 있나요? /
소파 옆에 있어요.

(3) 텔레비전은 어디에 있나요? /
텔레비전은 창문과 꽃 사이에 있어요.

□ 장소 관련 어휘

 сургууль 학교

 гэр 집

 талбай 광장

 ажил 직장

 их дэлгүүр 백화점

 буудал 역

❶-2

(1) 우리 집 옆에 광장이 있어요.

(2) 바트는 학교에(дээр) 있어요.

(3) 백화점 옆에 더르찌가 있어요.

❷ 수량 묻고 답하기

A: Хэдэн ном байна вэ?
몇 권의 책이 있습니까?

B: Таван ном байна.
다섯 권의 책이 있습니다.

A: Хэдэн төгрөг байна вэ?
몇 투그릭이 있습니까?

B: Мянган төгрөг байна.
1,000 투그릭이 있습니다.

* төгрөг: 투그릭(몽골의 화폐 단위)

□ ХЭДЭН은 '몇'을 의미하는 의문사로 뒤에 수식을 받는 명사가 나와야 한다.

몽골어로 말해 보세요.

❷-1

(1) 책상 위에 몇 개의 연필이 있나요?
/ 5개의 연필이 있습니다.

(2) 소파 위에 몇 권의 공책이 있나요?
/ 3권의 공책이 있습니다.

(3) 바트에게(Батад) 몇 투그릭이
있나요? / 바트에게 3,000 투그릭이
있습니다.

❷-2

11, 22, 33, 44, 55, 66, 77, 88, 99,
105, 1024, 3689

연습문제

1 문장을 듣고 빈칸에 알맞은 단어를 〈보기〉에서 골라 쓰세요.   🎧 04-4

| 보기 | төгрөг   хоёр   ном   хажууд   ширээн   гурван мянган

(1) Чиний _____ хаана байна?

(2) _____ дээр таван ном байна.

(3) Миний цүнх ширээний _____ байна.

(4) Шүхэр _____ сандлын хооронд байна.

(5) Хэдэн _____ байна вэ?

(6) _____ _____ төгрөг байна.

2 밑줄 친 부분을 몽골어로 올바르게 옮겨 문장을 완성하세요.

(1) 우리 집 뒤에 말이 있다. (гэр, хойно)

  Манай _____ _____ морь байна.

(2) 우리 집 옆에 도서관이 있다. (гэр, хажууд)

  Манай _____ _____ номын сан бий.

(3) 우리 학교 밖에 아이들이 있다. (сургууль, гадна)

  Манай _____ _____ хүүхдүүд байна.

(4) 책상 위에 책 5권이 있다. (ширээ, дээр, тав)

  _____ _____ _____ ном байна.

(5) 방 안에 가방이 있다. (өрөө, дотор)

  _____ _____ цүнх байна.

3 괄호 안의 숫자를 몽골어로 바꾸어 문장을 완성하세요.

| 보기 |
> Гэрийн хажууд <u>арван</u> морь байна. (10)

(1) Миний хажууд _____ хүн байна. (1)

(2) Ширээн дээр _____ ном байна. (3)

(3) Талбай дээр _____ хүн байна. (5)

(4) Цүнхэн дотор _____ _____ харандаа байгаа. (12)

(5) Надад _____ төгрөг байна. (1,000)　　　* надад 나에게

4 다음 문장을 몽골어로 쓰세요.

(1) 우산은 어디에 있습니까?

_____

(2) 책상 위에 3권의 공책이 있습니다.

_____

(3) 바트에게 5천 투그릭이 있습니다.

_____

(4) 컴퓨터가 책상 위에 있습니다.　　　* компьютер 컴퓨터

_____

(5) 텔레비전 옆에 꽃이 있습니다.

_____

(6) 제 가방 안에 볼펜이 없습니다.

_____

❈ 몽골 전통 가옥 '게르(Гэр)' ❈

몽골의 전통 가옥인 '게르'는 몽골의 기후와 유목민들의 생활 방식에 따라 만들어진 주거 공간이다. 몽골 게르의 역사는 2500~3000여 년 정도 되었으며, 16세기 이후 현재와 같은 모양을 갖추게 되었다.

게르는 유목 생활에서 쉽게 구할 수 있는 가벼운 목재와 펠트를 주재료로 제작되며 나무 벽과 기둥, 펠트 덮개, 게르를 고정시키기 위한 밧줄로 이루어져 있다. 이동에 적합하도록 조립과 해체가 편리하다는 특징이 있다. 게르의 크기는 벽의 수로 정해지며 4, 5, 6, 8, 10 등의 게르가 있다.

게르는 눈이나 비, 바람을 막아 주는 기능이 탁월하여 유목민의 생활에 적합한데, 이는 게르의 모양이 원형인 데서 기인한다. 펠트는 게르 안을 따뜻하게 해 주는 역할을 한다.

▶ 게르

게르의 구조

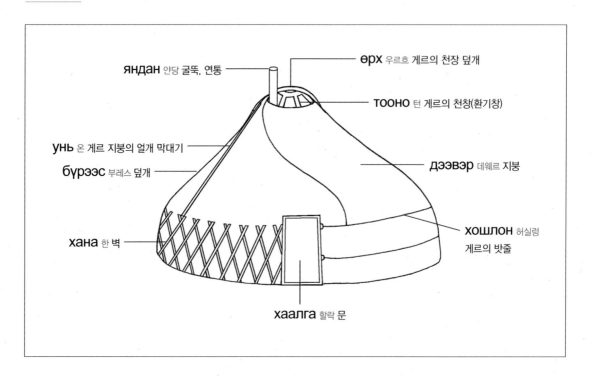

- ЯНДАН 얀당 굴뚝, 연통
- ӨРХ 우르흐 게르의 천장 덮개
- TOOHO 턴 게르의 천창(환기창)
- УНЬ 온 게르 지붕의 얼개 막대기
- БҮРЭЭС 부레스 덮개
- ДЭЭВЭР 데웨르 지붕
- ХОШЛОН 허실렁 게르의 밧줄
- ХАНА 한 벽
- ХААЛГА 할락 문

Танайх хэдүүлээ вэ?

당신의 가족은 몇 명입니까?

주요 문법

• 집합수사 -уулаа[2]   • 공동격 어미 -тай[3] (1)   • 소유대명사

Найзуудын яриа

Мөнх
Сарнай, танайх хэдүүлээ вэ?
사르나이　타나이흐　헤둘레　웨

Сарнай
Манайх дөрвүүлээ. Би нэг дүүтэй.
마나이흐　두루울레　비 넥 두테이

Мөнх
Танай дүү хэдэн настай вэ?
타나이　두　헤둥　나스타이　웨

Сарнай
Манай дүү арван найман настай.
마나이　두　아르왕　나이망　나스타이

Мөнх өө, та дүүтэй юү?
뭉흐　타 두테이　유

Мөнх
Үгүй, харин би нэг эгчтэй.
우귀　하링　비 넥　에그치테이

Сарнай
Таны эгч хэдэн настай вэ?
타니　에그치 헤둥　나스타이　웨

Мөнх
Миний эгч гучтай.
미니　에그치 고치태

해석

친구와의 대화

뭉흐	사르나이, 당신의 가족은 몇 명인가요?
사르나이	우리 가족은 4명이에요. 저는 동생 한 명이 있어요.
뭉흐	당신 동생은 몇 살이에요?
사르나이	제 동생은 18살이에요.
	뭉흐 씨, 동생이 있나요?
뭉흐	아니요, 하지만 누나가 있어요.
사르나이	누나는 몇 살이에요?
뭉흐	누나는 30살이에요.

새 단어 및 표현

□ **танайх** 타나이흐 때 당신의 것, 당신의 집   □ **манайх** 마나이흐 때 우리 것, 우리 집

□ **хэдүүлээ** 헤둘레 수 몇 명이서   □ **нас** 나스 명 나이

문법

1 집합수사 -уулаа²

집합수사 -уулаа²는 숫자 뒤에 연결하여 '~명이서', '~개씩'이라는 의미를 나타낸다. 남성단어 뒤에는 -уулаа, 여성단어 뒤에는 -үүлээ를 연결한다.

1	2	3	4	5
ганцаараа	хоёулаа	гурвуулаа	дөрвүүлээ	тавуулаа
강차라	허율라	고르올라	두르울레	타올라
6	7	8	9	10
зургуулаа	долуулаа	наймуулаа	есүүлээ	арвуулаа
조르골라	덜롤라	나이몰라	유술레	아르올라

참고 1의 경우 нэг 대신에 '혼자서'라는 의미의 ганцаараа를 사용한다.

олон(많은), цөөн(적은), хэд(몇) 등 수량과 관련된 단어에 붙여서 사용할 수도 있다.

ОЛОН	ЦӨӨН	ХЭД
олуулаа 얼롤라	цөөхүүлээ 추훌레	хэдүүлээ 헤둘레

Манайх олуулаа.   우리 가족은 여러 명이 함께합니다.(대가족입니다.)

Танайх хэдүүлээ вэ?   당신의 가족은 몇 명인가요?

2 공동격 어미 -тай³(1)

공동격 어미 -тай³는 여러가지 의미가 있는데 첫번째로 '~을 가지고 있다(소유)'는 의미를 나타낸다. -тай, -той, -тэй 3가지 형태로 사용되며, 여성단어 뒤에 연결할 경우 -тэй 하나만 사용한다. 다른 용법은 12과 참고

-тай	ах 형/오빠	ахтай 형/오빠가 있다
-той	ном 책	номтой 책이 있다
-тэй	дүү 동생	дүүтэй 동생이 있다
	бөмбөг 공	бөмбөгтэй 공이 있다

Би нэг ахтай.   저는 한 명의 형/오빠가 있습니다.

Багш гурван дүүтэй.   선생님은 세 명의 동생이 있습니다.

-тай³의 부정형은 -гүй이다.

Сүхээ эгчтэй юу? Сүхээ эгчгүй.   수헤는 누나가 있나요? 수헤는 누나가 없어요.

명사 뒤에 **-тай³**를 붙여 (단)어형성 접미사로 기능할 수 있다.

ногоотой 채소가 있는 → **ногоотой шөл** 채소(가 있는) 수프

сүүтэй 우유가 있는 → **сүүтэй цай** 우유(가 들어간) 차

настай 나이가 많은 → **настай хүн** 나이든 사람

чихэртэй 달콤한 → **чихэртэй хоол** 단 음식

3 소유대명사

명사의 속격 어미 뒤에 접미사 **-х**를 붙이면 '~의 것'이라는 의미의 소유대명사가 된다.

Бат – Батынх 바트 - 바트의 것   **Ээж – Ээжийнх** 어머니 - 어머니의 것

A: **Энэ хэний үзэг вэ?** 이건 누구의 볼펜이야?

B: **Энэ үзэг ахынх.** 이 볼펜은 형의 것이야.

A: **Тэр цамц хэнийх вэ?** 저 셔츠는 누구의 것이야?

B: **Тэр цамц аавынх.** 저 셔츠는 아버지의 것이야.

● 인칭대명사의 소유대명사

속격	소유대명사	속격	소유대명사
миний	**миний**х 미니흐	бидний манай	**бидний**х 비드니흐 **манай**х 마나이흐
чиний таны	**чиний**х 치니흐 **таны**х 타니흐	та нарын танай	**та нарын**х 타 나링흐 **танай**х 타나이흐
үүний энэний	**үүний**х 우니흐 **энэний**х 에니흐	тэдний тэд нарын	**тэдний**х 테뜨니흐 **тэд нарын**х 테뜨 나링흐
түүний тэрний	**түүний**х 투니흐 **тэрний**х 테르니흐		

※ '**манай**(우리)/**танай**(너희)'에 접미사 **-х**를 붙이면 '우리들의 것/너희들의 것'이라는 의미 외에도, '우리 집/너희 집'이라는 의미를 갖는다.

Манайх **нохойтой.** 우리 집에는 개가 있다.

Танайх **машинтай юу?** 너희 집에는 자동차가 있니?

핵심표현

❶ 가족의 수 말하기

A: **Танайх хэдүүлээ вэ?**
당신의 가족은 몇 명인가요?

B: **Манайх дөрвүүлээ.**
우리 가족은 4명이에요.

A: **Танайх гэртээ хэдүүлээ байдаг вэ?**
당신의 가족은 몇 명인가요? (직역: 당신의 가족은 집에 몇 명이 있나요?)

B: **Дөрвүүлээ.**
4명이요.

* **гэртээ**: 집에서
* **байдаг**: 있다(현재 반복 시제)

몽골어로 말해 보세요.

❶
(1) 우리 가족은 5명입니다.
(2) 우리 가족은 8명입니다.
(3) 우리 가족은 3명입니다.

☐ '숫자 + -уулаа²' 표현을 통해 가족 구성원의 수를 표현할 수 있다.

❷ 나이 묻고 답하기

A: **Та хэдэн настай вэ?**
당신은 몇 살인가요?

B: **Би хорин есөн настай.**
저는 29살입니다.

A: **Бат хэдэн настай вэ?**
바트는 몇 살입니까?

B: **Бат гучтай.**
바트는 30살입니다.

몽골어로 말해 보세요.

❷
(1) 당신은 몇 살인가요? /
저는 28살입니다.
(2) 현우는 몇 살인가요? /
현우는 35살입니다.
(3) 당신의 아버지는 연세가 어떻게
되시나요? / 저희 아버지는 67세
이십니다.

☐ 숫자 뒤에 **настай**를 붙여 나이를 나타낸다.

гучин настай 서른 살
жаран настай 예순 살

☐ 숫자 뒤에 바로 **-тай³**를 붙여서 나이를 표현할 수도 있다.

Сарнай гуай жартай. 사르나이는 60살입니다.

③ 소유 묻고 답하기

A: Та хэдэн нохойтой вэ? 당신은 몇 마리의 개가 있나요?

B: Тав./Таван нохойтой. 5마리요./5마리의 개가 있습니다.

A: Бат хэдэн ахтай вэ? 바트는 몇 명의 형이 있나요?

B: Бат хоёр ахтай. 바트는 2명의 형이 있습니다.

몽골어로 말해 보세요.

③

(1) 저는 2명의 여동생이 있습니다.

(2) 저는 2마리의 개가 있습니다.

(3) 사랑(Саран)은 3명의 오빠가
    있습니다.

□ '명사 + -тай³' 표현으로 '～을 가지고 있다'라는 소유의 표현을 나타낼 수 있다.

④ 음식 표현

A: Ногоотой шөл байна уу? 야채 수프 있나요?

B: Байна. 있어요.

A: Сүүтэй кофе байна уу? 우유 커피 있나요?

B: Байхгүй. 없어요.

몽골어로 말해 보세요.

④

(1) 달걀 샐러드 있나요? / 없어요.

(2) 수태차 있나요? / 있어요.

(3) 설탕 커피 있나요? / 없어요.

□ 음식

 сүүтэй цай
수태차

 ногоотой шөл
야채 수프

 өндөгтэй салат
달걀 샐러드

 гурилтай шөл
칼국수

 сүүтэй кофе
우유 커피

 чихэртэй кофе
설탕 커피

□ -тай³를 사용하여 음식의 재료를 나타낼 수 있다.

сүүтэй цай 우유가 들어간 차

чихэртэй кофе 설탕이 들어간 커피

өндөгтэй салат 달걀이 들어간 샐러드

гурилтай шөл 밀가루가 들어간 국(한국의 칼국수와 유사)

연습문제

1 문장을 듣고 빈칸에 알맞은 단어를 〈보기〉에서 골라 쓰세요. 🎧 05-3

| 보기 |　настай　　　дөрвүүлээ　　　арван найман настай
　　　　дүүтэй　　　хэдүүлээ　　　эгчтэй　　　харин

(1) Танайх _____ вэ?

(2) Манайх _____.

(3) Танай дүү хэдэн _____ вэ?

(4) Манай дүү _____ _____ _____.

(5) Та _____ юү?

(6) Үгүй, _____ би нэг _____.

2 다음 명사 뒤에 알맞은 공동격 어미(-тай³)를 넣어 문장을 완성하세요.

(1) Би ах_____.

(2) Би гурван нохой_____.

(3) Би зургаан ном_____.　　　* их 매우

(4) Би өнөөдөр их ажил_____.　　　* ажил 일

(5) Би хичээл_____.

(6) Багш гурван дүү_____.

3 다음 질문에 대한 본인의 대답을 몽골어로 쓰세요.

(1) A: Танайх хэдүүлээ вэ?

B: _____.

(2) A: Та эгчтэй юу?

B: _____.

(3) A: Та монгол хэлний номтой юу?

B: _____.

(4) A: Танай аав хэдэн настай вэ?

B: _____.

(5) A: Энэ хэний үзэг вэ? Болдынх уу?

B: _____.

4 다음 문장을 몽골어로 쓰세요.

(1) 에르덴(Эрдэнэ)은 2명의 동생이 있습니다.

_____

(2) 우리 가족은 6명입니다.

_____

(3) 우유 커피 있나요?

_____

(4) 한국어 책 있나요?

_____

(5) 너희 어머니는 연세가 어떻게 되시니?

_____

(6) 이것은 누구의 수태차인가요?

_____

몽골 '나담 축제(Улсын Их Наадам)'

'나담(Наадам)'은 국가 규모로 열리는 몽골의 대표적인 축제 중 하나로, 7월 11일부터 13일까지 열린다. 나담 축제는 씨름, 말 달리기, 활쏘기 3가지 경기로 이루어지는데, 남성 3종 경기(Эрийн гурван наадам)라고도 한다. 이 3가지 종목은 몽골인의 유목 문화와 관련된 중요한 문화유산의 하나이다.

■ 씨름

씨름은 토너먼트로 진행되며, 나이와 체급에 상관없이 겨룰 수 있다. 씨름은 한 장소에서 여러 선수들이 한꺼번에 경기를 하기 때문에 따로 정해진 시간이 없다. 씨름 선수는 모자, 윗옷(зодог), 경기용 복장(шуудаг), 가죽 신발을 신고 경기에 참여한다. 씨름 선수는 이긴 횟수에 따라 칭호를 받게 되는데, 가장 많이 이긴 선수부터 차례로 사자(арслан), 가루다(гарьд), 코끼리(заан), 송골매(харцага), 매(начин) 등의 칭호를 받게 되며, 우승한 선수는 챔피언(аварга)의 칭호를 받는다.

▶ 씨름

■ 말 달리기

말 달리기는 교통 및 전쟁에 중요한 역할을 해 왔으며, 유목민들이 좋아하는 경기 중 하나이다. 경주마는 2세, 3세, 4세, 5세, 6세 이상, 종마 등 6가지로 나누어 경기에 참여할 수 있으며, 말의 나이에 따라 달리는 거리가 달라지는데, 보통 15-30km 정도의 거리를 달린다. 보통 6-10세의 어린이들이 경주마의 기수가 된다. 우승한 말에게는 '투멩 에흐(Түмэн эх)'라는 칭호를 준다.

▶ 말 달리기

■ 활쏘기

활쏘기는 몽골인들의 사냥 기술과 군사력의 증대를 위해 이어져 온 경기이다. 남자들은 화살 40발을 75m 거리에서, 여자들은 20발을 60m 거리에서 과녁에 쏜다. 경기가 시작되고 끝날 때, 활을 맞추었을 때 오하이(уухай)라는 노래를 부르는 풍습이 있다. 활쏘기에서 우승한 선수에게는 메르겡(мэргэн)이라는 칭호를 준다.

▶ 활쏘기

나담 축제 인사

- **Сайхан наадаж байна уу?** 나담 잘 보내고 계십니까?
- **Сайхан наадаарай.** 즐겁게 보내세요.

Та хаана ажилладаг вэ?

당신은 어디에서 근무하시나요?

주요 문법

• 현재 반복 시제 -даг[4]   • 여·처격 어미 -д/т   • 인칭대명사의 여·처격

• 시간 묻고 답하기   • 서수 표현 -дугаар[2]

회화

Ажлын тухай

Мөнх	Сарнай, та хаана амьдардаг вэ?
	사르나이 타 한 앰다르딱 웨

Сарнай	Би 13-р хороололд амьдардаг. Харин та?
	비 아르왕 고랍도가르 허러럴드 앰다르딱 하링 타

Мөнх	Манайх манай сургуулийн хажууд байдаг.
	마나이흐 마나이 소르골링 하쪼드 바이닥

Сарнай	Та их сургуульд ажилладаг уу?
	타 이흐 소르골드 아질라딱 오

Мөнх	Тийм ээ. Би их сургуулийн багш.
	티 메 비 이흐 소르골링 박쉬

Сарнай	Та өдөр бүр хичээл заадаг уу?
	타 우두르 부르 히첼 자딱 오

Мөнх	Тийм, Би өглөө 9 цагаас хичээлтэй байдаг.
	팀 비 우글러 유승 차가스 히첼테이 바이딱
	Та хаана ажилладаг вэ?
	타 한 아질라딱 웨

Сарнай	Би эмнэлэгт ажилладаг. Би эмч.
	비 엠네렉트 아질라딱 비 엠치

✦ 해석

직업

뭉흐	사르나이 씨, 당신은 어디에서 사시나요?
사르나이	저는 13구역에서 살아요. 당신은요?
뭉흐	우리 집은 우리 학교 옆에 있어요.
사르나이	당신은 대학교에서 일하시나요?
뭉흐	네, 저는 대학교 교수예요.
사르나이	당신은 매일 수업을 가르치시나요?
뭉흐	네, 저는 아침 9시부터 수업이 있어요.
	당신은 어디에서 일하시나요?
사르나이	저는 병원에서 일해요. 저는 의사예요.

✦ 새 단어 및 표현

- амьдрах 앰드라흐 图 살다
- -р 도가르/두게르 囹 ~번째
- хороолол 허러럴 圀 구역(울란바토르의 행정구역 단위)
- их сургууль 이흐 소르골 圀 대학교
- ажиллах 아질라흐 图 일하다
- өдөр 우두르 圀 일(日)
- бүр 부르 囝 마다

- өдөр бүр 우두르 부르 매일
- хичээл 히첼 圀 수업
- заах 자흐 图 가르치다
- өглөө 우글러 圀 아침
- цаг 착 圀 시(時)
- эмнэлэг 엠네렉 圀 병원
- эмч 엠치 圀 의사

문법

1 현재 반복 시제 -даг⁴

어떠한 행위가 과거의 어떤 시점부터 현재까지 계속 반복되어 일어남을 나타낸다. 동사의 어간 뒤에 모음조화 법칙에 따라 연결한다.

-даг⁴	동사 원형	동사 어간	동사 어간 + -даг⁴
-даг	явах 가다	яв-	явдаг
-дог	босох 일어나다	бос-	босдог
-дэг	идэх 먹다	ид-	иддэг
-дөг	өгөх 주다	өг-	өгдөг

① 평서문: 동사 어간 + -даг⁴

Би монгол хэл сурдаг.   나는 몽골어를 공부한다.

Би 7 цагт босдог.   나는 7시에 일어난다.

Намайг Бат гэдэг.   나를 바트라고 부른다.

Аав надад мөнгө өгдөг.   아버지는 나에게 돈을 주신다.

② 의문문: 동사 어간 + -даг⁴ + 의문첨사

Та монгол хэл сурдаг уу?   당신은 몽골어를 공부하시나요?

Та хэдэн цагт босдог вэ?   당신은 몇 시에 일어나십니까?

Чамайг хэн гэдэг вэ?   너를 누구라고 하니?

Аав хэнд мөнгө өгдөг вэ?   아버지는 누구에게 돈을 주시니?

③ 부정문: 동사 어간 + -даг⁴гүй

Би монгол хэл сурдаггүй.   나는 몽골어를 공부하지 않는다.

Би 7 цагт босдоггүй.   나는 7시에 일어나지 않는다.

Бат ажил хийдэггүй.   바트는 일하지 않는다.

Аав надад мөнгө өгдөггүй.   아버지는 나에게 돈을 주시지 않는다.

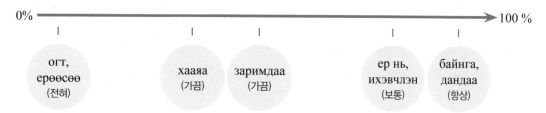

참고 현재 반복 시제는 빈도를 나타내는 단어(빈도부사)와 함께 사용하는 경우가 많다. 빈도부사는 주로 주어 다음에 위치한다.

Би **зар으даа** эрт босдог. 나는 가끔씩 일찍 일어난다.

Бат **ероосоо** мах иддэггүй. 바트는 전혀 고기를 먹지 않는다.

Мөнх **дандаа** ном уншдаг. 뭉흐는 항상 책을 읽는다.

2 여·처격 어미 -д/т

여·처격 어미는 수여동사의 간접목적어(여격)나, 동작이나 행위가 이루어지는 위치(처격)를 나타내는 어미이다.
-д와 -т 두 가지 형태로 사용된다.

① -д

모음이나 л, м, н으로 끝나는 경우 또는 연음부호로 끝나는 경우에 붙인다.

зун 여름 → зунд 여름에   уул 산 → ууланд 산에

оюутан 대학생 → оюутанд 대학생에게   цүнх 가방 → цүнхэнд 가방에

сургууль 학교 → сургуульд 학교에   анги 교실 → ангид 교실에

자음 д, т, ж, з, ц, ч, х, ш로 끝나는 단어에는 모음조화에 따라 적절한 모음을 첨가한 후에 여·처격 어미를
붙인다. 자음 ж, ч, ш로 끝나는 단어 뒤에는 모음 и을 첨가한다.

ах 형 → ахад 형에게   хот 도시 → хотод 도시에

эгч 누나 → эгчид 누나에게   эмч 의사 → эмчид 의사에게

ээж 어머니 → ээжид 어머니께   багш 선생님 → багшид 선생님에게

숨은 н이 있는 단어의 경우 н을 붙인 뒤 -д를 붙인다.

хоол 음식 → хооленд 음식에   шөл 국 → шөлөнд 국에

цай 차 → цайнд 차에   ус 물 → усанд 물에

문법

② -т

단어 끝이 자음 в, г, р, с, 로 끝나는 경우에 붙인다.

айма**г** 아이막 → айма**гт** 아이막에   ца**г** 시 → ца**гт** 시에

гэ**р** 집 → гэ**рт** 집에   Улаанбаата**р** → Улаанбаата**рт**
울란바토르   울란바토르에

> **참고** -т를 붙여야 하는 경우라도 일부 단어에는 -д를 붙인다.

аа**в** 아버지 → аа**вд** 아버지에게   ca**p** 달 → ca**pд** 달에

3 인칭대명사의 여·처격

	단수	복수
1인칭	**надад** 나다드 나에게	**бид нарт** 비드 나르트 우리들에게
2인칭	**чамд** 참드 너에게	**та нарт** 타 나르트 너희들에게/당신들에게
	танд 탄드 당신에게	
3인칭	**үүнд** 운드, **энэнд** 엔드 이 사람에게	**эд нарт** 에드 나르트 이들에게
	түүнд 툰드, **тэрэнд** 테렝드 그/저 사람에게	**тэд нарт** 테드 나르트 그들에게/저들에게

Надад мөнгө их байна.   나한테 돈이 많이 있다.

Чамд үзэг байна уу?   너에게 볼펜이 있니?

4 시간 묻고 답하기

> A: (Одоо) хэдэн цаг болж байна вэ? (지금은) 몇 시입니까?
>   (어떠)   헤등   착   벌찌   바인   웨
> B: (Одоо) ○ цаг ○ минут (болж байна). (지금은) ○시 ○분(입니다).
>   (어떠)   착   미노트 (벌찌   바인)
>
> *цаг 시, минут 분

시간을 말할 때 숫자는 '기본 형태 + -н' 형태를 쓴다.

гурв**ан** цаг арв**ан** тав**ан** минут   3시 15분

тав**ан** цаг дөч**ин** минут   5시 40분

Хэдэн цаг болж байна вэ? 몇 시입니까?

Арван хоёр цаг хорин минут болж байна. 12시 20분입니다.

Арван хоёр цаг дөчин минут болж байна. 12시 40분입니다.

'30분'은 гучин минут 대신 '반'이란 뜻의 хагас 하가스라는 단어로 표현할 수 있다.

хоёр цаг гучин минут 2시 30분 = хоёр хагас 2시 반

구어체에서는 '시'(цаг), '분'(минут)을 빼고 숫자만 말하기도 한다. 이때 숫자는 -н가 없는 기본 형태를 쓴다.

хоёр цаг хорин минут 2시 20분 = хоёр хорь

5 서수 표현 -дугаар²

숫자 뒤에 -дугаар²를 붙이면 '~번째'라는 서수 표현이 된다. 모음조화에 따라 남성단어 뒤에는 -дугаар 도가르, 여성단어 뒤에는 -дүгээр 두게르를 붙인다. 문어에서는 줄여서 -р라 쓰기도 한다.

нэгдүгээр 첫 번째	нэгдүгээр хичээл = 1-р хичээл 첫 번째 수업
хоёрдугаар 두 번째	хоёрдугаар анги = 2-р анги 2학년
гуравдугаар 세 번째	гуравдугаар сургууль = 3-р сургууль 3번 학교
дөрөвдүгээр 네 번째	дөрөвдүгээр хуудас = 4-р хуудас 4페이지
тавдугаар 다섯 번째	тавдугаар давхар = 5-р давхар 5층
зургадугаар 여섯 번째	зургадугаар орц = 6-р орц 6번 입구
долдугаар 일곱 번째	долдугаар хороолол = 7-р хороолол 7구역
наймдугаар 여덟 번째	наймдугаар байшин = 8-р байшин 8번 건물
есдүгээр 아홉 번째	есдүгээр курс = 9-р курс 9학년
аравдугаар 열 번째	аравдугаар сар = 10-р сар 10월

핵심표현

❶ 사는 곳 묻고 답하기

> A: Та хаана амьдардаг вэ? 당신은 어디에서 사십니까?
> B: Би Сөүлд амьдардаг. 저는 서울에서 삽니다.
>
> ─────────────────────────
>
> A: Танайх хаана байдаг вэ? 당신의 집은 어디에 있나요?
> B: Манайх эмнэлэгийн хажууд байдаг.
> 우리 집은 병원 옆에 있어요.

장소를 나타내는 명사	+	-д/т	+	амьдардаг	~에서 살다

몽골어로 말해 보세요.

❶
(1) 오양가는 11구역에 삽니다.

(2) 저는 인천에 삽니다.

(3) 그는 학교 옆에 삽니다.

❷ 직업 묻고 답하기

> A: Та хаана ажилладаг вэ? 당신은 어디에서 일하시나요?
> B: Би их сургуульд ажилладаг. 저는 대학교에서 일합니다.
>
> ─────────────────────────
>
> A: Та ямар мэгэжилтэй вэ? 직업이 무엇입니까?
> B: Би багш. 저는 선생님입니다.

직장 관련 명사	+	-д/т	+	ажилладаг	~에서 일하다

몽골어로 말해 보세요.

❷
(1) 당신은 어디에서 일하시나요? /
저는 병원에서 일합니다.

(2) 당신은 직업이 무엇인가요? /
저는 대학생입니다.

(3) 당신 아버지의 직업은 무엇인가요? /
저의 아버지는 엔지니어입니다.

☐ 직업 관련 어휘

багш 선생님
сурагч 학생(초·중·고)
эмч 의사
барилгачин 건축가
жолооч 운전사
оюутан 대학생
инженер 엔지니어
компаний ажилтан 회사원

③ 시간 묻고 답하기

A: Одоо хэдэн цаг болж байна вэ?

지금은 몇 시입니까?

B: Таван цаг гучин минут.

5시 30분입니다.

A: Цаг хэд болж байна вэ?

몇 시입니까?

B: Тав гуч.

5시 30분입니다.

□ 시간을 물어볼 때 'Цаг хэд болж байна вэ?'라고 표현할 수도 있다.

시간을 몽골어로 말해 보세요.

③

(1) `8:40` (2) `11:35`

(3) `4:25`

④ 습관 묻고 답하기

A: Та хэдэн цагт босдог вэ?

몇 시에 일어나요?

B: Би өдөр бүр өглөө 6 цагт босдог.

저는 매일 아침 6시에 일어나요.

A: Таны ажил хэдэн цагт тардаг вэ?   * тарах 마치다

몇 시에 일이 끝나요?

B: Орой 6 цагт тардаг.

저녁 6시에 끝나요.

□ 시간을 나타내는 단어 뒤에 бүр 또는 болгон을 붙여 빈도를 표현할 수 있다.

그림에 맞는 대화를 만들어 보세요.

④

(1)

6:30 a.m.
босох
기상하다

(2)

8:00 a.m.
ажилдаа явах
출근하다

(3)

7:30 p.m
оройн хоол идэх
저녁을 먹다

өглөө 아침		бүр
өдөр 낮	+	болгон
орой 저녁		~마다

연습문제

1 문장을 듣고 빈칸에 알맞은 단어를 〈보기〉에서 골라 쓰세요.(중복 있음) 🎧 06-3

> | 보기 | явдаг   ажилладаг   хичээлтэй   эмнэлэгт   хэдэн цагт

(1) Та хаана ＿＿＿＿＿＿＿＿ вэ?

(2) Их сургуульд ＿＿＿＿＿＿＿＿ уу?

(3) Та ＿＿＿＿＿＿ ＿＿＿＿＿＿ хичээл заадаг вэ?

(4) Би өглөө 9 цагаас ＿＿＿＿＿＿＿ байдаг.

(5) Би ＿＿＿＿＿＿＿＿ ажилладаг.

(6) Та хэдэн цагт ажилдаа ＿＿＿＿＿＿ вэ?

2 괄호 안의 단어에 -даг⁴ 어미를 연결하여 문장을 완성하세요.

(1) Би Солонгост ＿＿＿＿＿＿＿＿. (амьдрах)

(2) Тэр оройн 10 цагт ＿＿＿＿＿＿. (унтах)

(3) Би 1-р эмнэлэгт ＿＿＿＿＿＿＿. (ажиллах)

(4) Хөнү Монгол хэл ＿＿＿＿＿＿. (сурах)

(5) Уянга заримдаа сүү ＿＿＿＿＿＿. (уух)

(6) Би орой болгон сонин ＿＿＿＿＿＿. (унших)

3 다음 단어에 여·처격 어미 -д/т를 올바르게 붙이세요.

> | 보기 |
>
> ХЭН → ХЭНД

(1) Бат   → _____

(2) цаг   → _____

(3) уул   → _____

(4) сар   → _____

(5) багш   → _____

(6) хоол   → _____

4 다음 문장을 몽골어로 쓰세요.

(1) 저는 1번 구역에서 삽니다.

_____

(2) 벌드는 3번 학교에서 근무합니다.

_____

(3) 저는 아침마다 7시에 아침을 먹습니다.

_____

(4) 저는 저녁 6시에 집에 갑니다.

_____

(5) 오양가는 저녁 8시에 저녁을 먹습니다.

_____

(6) 바트는 3학년 학생입니다.

_____

❋ 몽골의 손님 대접 문화 ❋

몽골 사람들은 예부터 귀한 손님이 집을 방문하면 양이나 염소를 바로 잡아 음식을 만들어 대접하는 풍습이 있다. 양고기 요리인 허르헉(xopxor)과 염소고기 요리인 버덕(боодог)은 보양 음식으로, 주로 여름이나 가을철에 하고 겨울에는 이 요리를 하지 않는다.

■ 허르헉(xopxor)

허르헉을 만들기 위해서는 우선 장작불을 피워 미리 준비한 돌을 굽는다. 돌이 빨갛게 달궈지면 손질한 양 한 마리와 감자, 당근 등의 야채를 돌과 함께 큰 통에 넣은 뒤 1-2시간 익히면 완성된다. 즉, 내부의 돌 온도로 고기를 익히는 방식으로 조리한다. 요리에 사용된 돌은 꺼내어 손으로 쥐는 풍습이 있는데, 이는 혈액 순환을 좋게 한다고 알려져 있다.

▶ 허르헉

■ 버덕(боодог)

버덕은 염소 한 마리를 가죽까지 통째로 조리하는 전통 요리이다. 먼저 염소의 배를 갈라 가죽을 벗기지 않고 내장과 고기를 꺼낸다. 허르헉과 유사하게 달군 돌을 염소 몸통 안에 넣어서 고기를 익힌다. 허르헉과 조금 다른 점은 내장과 파와 소금으로 양념된 육수를 넣어 다시 익힌다는 점이다. 고기를 익힌 다음에 배를 갈라 국물을 마시는데, 가죽 안에서 익혀 맛이 진하고 영양분이 많다.

▶ 버덕

몽골에서 대접을 받을 때 주의사항

- 음식을 대접받았을 때는 내키지 않더라도 한 입은 먹어야 한다. 배가 불러도 사양하지 않는다.
- 컵은 입구 쪽이 아닌 바닥을 잡는다.
- 음식과 음료를 잡을 때는 오른손을 사용해야 한다.

Чи одоо юу хийж байна вэ?

너는 지금 뭐 하고 있니?

주요 문법

- 동사의 현재진행형 -ж/ч байна
- 인칭대명사의 방향격
- 방향격 어미 руу²
- 일반재귀어미 -аа⁴

Утсаар ярих

Уянга
Байна уу? Хёнү, чи одоо хичээлээ хийж байна уу?
바이 노　　　현우　　치　어떠　히첼레　　히찌　바인　오

Хёнү
Үгүй, би хичээлээ хийгээгүй байна.
우구이　비　히첼레　　히게구이　　바인

Уянга
Тэгвэл чи юу хийж байна вэ?
테그웰　치　유　히찌　바인　웨

Хёнү
Одоо гэртээ ном уншиж байна.
어떠　게르테　넘　온쉬찌　바인

Уянга
Ямар ном уншиж байна вэ?
야마르　넘　온쉬찌　바인　웨

Хёнү
《Чингис хаан》 роман уншиж байна.
칭기스　한　러만　온쉬찌　바인

Би ном унших дуртай. Харин чи?
비　넘　온쉬흐　도르타이　하링　치

Уянга
Би сургуулийн номын санд солонгос хэлний
비　소르골링　너밍　상드　설렁거스　헬니

хичээлээ давтаж байна.
히첼　딥타찌　밴

해석

전화 통화

오양가   여보세요? 현우, 지금 공부해?

현우   아니, 공부 안 하고 있어.

오양가   그럼 뭐 하고 있어?

현우   지금 집에서 책 읽고 있어.

오양가   어떤 책을 읽고 있어?

현우   《칭기즈 칸》 소설을 읽고 있어.

         나는 책을 읽는 것을 좋아해. 너는?

오양가   나는 학교 도서관에서 한국어를 복습하고 있어.

새 단어 및 표현

- ХИЧЭЭЛ 히첼 [명] 수업, 공부
- ТЭГВЭЛ 테그윌 [접] 그러면
- УНШИХ 온쉬흐 [동] 읽다
- Чингис хаан 칭기스 칸 [명] 칭기즈 칸

- роман 러만 [명] 소설
- дуртай 도르타이 [형] 좋아하다
- номын сан 너밍 상 [명] 도서관
- давтах 답타흐 [동] 복습하다

문법

1 동사의 현재진행형 -ж/ч байна

'동사 어간 + -ж/ч байна'은 '~하고 있다'라는 의미로 어떤 동작이 진행되고 있음을 나타낸다.

① -ж

동사 어간이 모음이나 в, г, р, с 이외의 자음으로 끝날 경우 '-ж'를 연결한다.

동사 원형	동사 어간	어미	현재진행형
явах 가다	яв-		явж байна 가고 있다
дуулах 노래하다	дуул-		дуулж байна 노래하고 있다
тоглох 놀다	тогло-	-ж байна	тоглож байна 놀고 있다
үзэх 보다	үз-		үзэж байна 보고 있다
хийх 하다	хий-		хийж байна 하고 있다

Би сургуульдаа явж байна.　나는 학교에 가고 있다.

Хүүхдүүд гадаа тоглож байна.　아이들은 밖에서 놀고 있다.

Аав зурагт үзэж байна.　아버지는 텔레비전을 보고 계신다.

② -ч

동사 어간이 자음 в, г, р, с로 끝날 경우 '-ч'를 연결한다.

동사 원형	동사 어간	어미	현재진행형
амрах 쉬다	амар-		амарч байна 쉬고 있다
гарах 나가다	гар-		гарч байна 나가고 있다
сурах 배우다	сур-	-ч байна	сурч байна 배우고 있다
өгөх 주다	өг-		өгч байна 주고 있다

Би гэртээ амарч байна.　나는 집에서 쉬고 있다.

Кино гарч байна.　영화가 나오고 있다.

Манай дүү тоо сурч байна.　내 동생은 숫자를 배우고 있다.

※ 현재진행형은 одоо(지금), өнөөдөр(오늘)과 같이 현재를 나타내는 어휘들과 주로 많이 사용한다.

Бид одоо амарч байна.　우리는 지금 쉬고 있다.

Одоо дэлгүүр явж байна.   지금 가게에 가고 있다.

Өнөөдөр Мөнх шалгалт өгч байна.   오늘 뭉흐는 시험을 보고 있다.

③ 현재진행형의 의문문

'-ж/ч байна' 뒤에 적절한 의문첨사를 연결한다.   의문첨사는 1과와 2과 참고

Аав зурагт үзэж байна уу?   아버지는 텔레비전을 보고 계시니?

Чи ажил хийж байна уу?   너는 일하고 있니?

Та юу хийж байна вэ?   당신은 무엇을 하고 있습니까?

Чи ямар ном унших байна вэ?   너는 어떤 책을 읽고 있니?

④ 현재진행형의 부정문

부정문은 '-аагүй⁴ байна'의 형태로, 모음조화 법칙에 따라 결합한다.

-аагүй	унших (унш-) 가다 ярих (ярь-) 말하다	уншаагүй байна 가고 있지 않다 яриагүй① байна 말하고 있지 않다
-оогүй	сонсох (сонс-) 듣다	сонсоогүй байна 듣고 있지 않다
-ээгүй	үзэх (үз-) 보다 хийх (хий-) 하다	үзээгүй байна 보고 있지 않다 хийгээгүй② байна 하고 있지 않다
-өөгүй	өгөх (өг-) 주다	өгөөгүй байна 주고 있지 않다

① 동사 어간이 ь로 끝날 경우, ь를 и로 바꾼 뒤 결합한다.
② 동사 어간이 장모음이나 이중모음으로 끝날 경우 г를 삽입해야 한다.

Бат сонин уншаагүй байна.   바트는 신문을 읽고 있지 않다.

Манай дүү гадаа тоглоогүй байна.   내 동생은 밖에서 놀고 있지 않다.

Аав зурагт үзээгүй байна.   아버지는 텔레비전을 보고 계시지 않다.

Уянга шалгалт өгөөгүй байна.   오양가는 시험을 보고 있지 않다.

2 방향격 어미 руу²

방향격 어미는 한국어의 '~로'와 유사한 의미이며, 어떠한 방향으로의 움직임을 나타낼 때 사용한다. 주로 이동의 뜻을 나타내는 동사(явах 가다, ирэх 오다 등)와 같이 쓰인다. 다른 격어미와는 다르게 앞의 명사와 띄어 쓴다.

문법

① руу/рүү

단어 끝이 p로 끝나는 경우를 제외한 모든 단어에 연결하며, 모음조화 법칙에 따라 연결한다.

Солонгос 한국 → Солонгос руу 한국으로

сургууль 학교 → сургууль руу 학교로

эмнэлэг 병원 → эмнэлэг рүү 병원으로

Сөүл 서울 → Сөүл рүү 서울로

② луу/лүү

단어 끝이 p로 끝나는 경우에 연결하며, 모음조화 법칙에 따라 연결한다.

сар 달 → сар луу 달로   гар 손 → гар луу 손으로

гэр 집 → гэр лүү 집으로   дэлгүүр 가게 → дэлгүүр лүү 가게로

Одоо Батын гэр лүү явж байна.   지금 바트의 집으로 가고 있다.

Дэлгүүр лүү явж байна.   가게로 가고 있다.

행위가 일어나는 방향을 가리키기도 한다.

Тэр хүн одоо үүд рүү харж байна.   저 사람은 지금 문 쪽으로 보고 있다.

Бат хэн рүү утасдаж байна вэ?   바트는 누구에게 전화하고 있어?

3 인칭대명사의 방향격

	단수	복수
1인칭	над руу 나드 로 나에게로/나한테	бид нар луу 비드 나르 로 우리들에게로/우리들한테
2인칭	чам руу 참 로 너에게로/너한테	та нар луу 타 나르 로 당신들에게로/당신들한테
	тан руу 탄 로 당신에게로/당신한테	
3인칭	үүн рүү 운 루 이 사람에게로/사람한테	эд нар луу 에드 나르 로 이들에게로/이들한테
	түүн рүү 툰 루 그/저 사람에게로/사람한테	тэд нар луу 테드 나르 로 그들에게로/그들한테

4 일반재귀어미 -аа⁴

명사 뒤에 일반재귀어미를 연결하여 그 명사가 해당 문장의 주어와 관련이 있음을 나타낸다. 모음조화에 따라 아래와 같이 4가지 형태로 사용되며, 일반재귀어미는 격어미 뒤에 연결한다.

		속격과 연결	여처격과 연결	탈격과 연결
-аа	аав 아버지	аавынхаа	аавдаа	аавaacaa
-оо	ном 책	номынхоо	номдоо	номоосоо
-ээ	хичээл 수업	хичээлийнхээ	хичээлдээ	хичээлээсээ
-өө	өвөө 할아버지	өвөөгийнхөө	өвөөдөө	өвөөнөөсөө

* 명사 + -аа⁴의 경우 의미상으로 대격(–을/를)이 생략된 것이다. 【대격은 10과 참고】

Эрдэнэ ном уншиж байна. 에르덴은 책을 읽고 있다.

Эрдэнэ номоо уншиж байна. 에르덴은 (자신의) 책을 읽고 있다.

Бид аавд захиа бичиж байна. 우리는 아버지에게 편지를 쓰고 있다.

Бид аавдаа захиа бичиж байна. 우리는 (우리) 아버지에게 편지를 쓰고 있다.

Чи аавaac асуугаарай. 너 아버지에게 물어봐라.

Чи аавaacaa асуугаарай. 너 (너의) 아버지에게 물어봐라.

Би сургууль руу явж байна 나는 학교로 가고 있다.

Би сургууль руугаа явж байна. 나는 (나의) 학교로 가고 있다.

속격 어미 뒤에 일반재귀어미를 붙일 경우 -ын² 뒤에 x를 첨가한 형태인 -ынхаа⁴의 형태로 사용한다.

Би ажлынхаа гадаа хүлээж байна. 나는 (나의) 회사 앞에서 기다리고 있다.

Би хичээлийнхээ даалгаврыг хийж байна. 나는 (나의) 수업 과제를 하고 있다.

핵심표현

① 현재 하고 있는 일 말하기

> A: Та юу хийж байна вэ?
> 당신은 무엇을 하고 있습니까?
>
> B: Би цай ууж байна.
> 저는 차를 마시고 있습니다.

☐ 현재진행형 (-ж/ч байна) 표현을 활용하여 현재 하고 있는 일을 말할 수 있다.

$$\boxed{\text{동사 어간}} \ + \ \boxed{\begin{array}{l} \text{-ж/ч байна(긍정)} \\ \text{-ж/ч байна уу(의문)} \\ \text{-аагүй}^4\ \text{байна(부정)} \end{array}}$$

현재진행형으로 말해 보세요.

❶

(1) дуу сонсох
노래를 듣다

(2) зурагт үзэх
텔레비전을 보다

(3) хоол хийх
요리하다

② 방향 묻고 답하기

> A: Та хаашаа явж байна вэ?
> 당신 어디로 가고 있나요?
>
> B: Дэлгүүр лүү явж байна.
> 가게로 가고 있어요.

☐ 의문사 хаашаа는 '어디로'라는 의미이다.

☐ 방향격 어미 руу²를 활용하여 어디를 향해 가고 있는지 표현할 수 있다.

방향격 어미를 사용하여 말해 보세요.

❷

(1) зах 시장

(2) эмнэлэг 병원

(3)
хоолны газар
식당

* 장소 + руу² + явах: ~로 가다

❸ 좋아하다/사랑하다

A: Чи ямар хоолонд дуртай вэ?

너는 무슨 음식을 좋아하니?

B: Би гурилтай шөлөнд дуртай.

나는 칼국수를 좋아해.

A: Чи ном унших дуртай юу?

너는 책 읽는 것을 좋아하니?

B: Тийм ээ, би ном унших дуртай.

응. 나는 책 읽는 것을 좋아해.

A: Чи хэнд хайртай вэ?

너는 누구를 사랑하니?

B: Би аавдаа хайртай.

나는 (나의) 아버지를 사랑해.

몽골어로 말해 보세요.

❸

(1) 나는 수태차를 좋아한다.

(2) 나는 우리 어머니를 사랑한다.

(3) 바트는 설탕 커피를 싫어한다.

☐ '좋아하다/사랑하다'라는 표현 앞에 명사가 들어갈 경우, 여·처격의 형태를 사용하여야 한다. 동사의 경우 **-X**의 형태로 사용한다.

명사 + **-Д/Т**

동사(**-X**)

+

дуртай(좋아하다)
дургүй(싫어하다)
хайртай(사랑하다)
хайргүй(사랑하지 않다)

연습문제

1

다음 문장을 듣고 빈칸에 알맞은 단어를 〈보기〉에서 골라 쓰세요.

🎧 07-3

| 보기 | 　хийгээгүй　　юу　　тэгвэл　　гэртээ　　хийж　　дуртай

(1) Та одоо _____ хийж байна вэ?

(2) Үгүй, би хичээлээ _____ байна.

(3) _____ чи юу хийж байна вэ?

(4) Одоо _____ ном уншиж байна.

(5) Би ном унших _____ .

(6) Би солонгос хэлний хичээлээ _____ байна.

2

다음 문장을 〈보기〉와 같이 '-ж/ч байна'을 사용해서 쓰세요.

| 보기 | 　영화가 나오고 있다. (кино, гарах)
　　　　　Кино гарч байна.

(1) 노래를 부르고 있다. (дуу, дуулах) _____

(2) 밥을 먹고 있다. (хоол, идэх) _____

(3) 책을 읽고 있다. (ном, унших) _____

(4) TV를 보고 있다. (телевиз, үзэх) _____

(5) 커피를 마시고 있다. (кофе, уух) _____

(6) 시험이 끝나고 있다. (шалгалт, дуусах) _____

3 다음 대화를 〈보기〉와 같이 '-aaгүй⁴ байна'을 사용하여 완성하세요.

> | 보기 |
> A: Тэр ном уншиж байна уу?
> B: Үгүй. <u>Тэр ном уншаагүй байна</u>.

(1) A: Тэр унтаж байна уу?

　　B: Үгүй. ＿＿＿＿＿＿＿＿＿＿＿＿＿＿＿＿＿＿＿.

(2) A: Тэд амарч байна уу?

　　B: Үгүй. ＿＿＿＿＿＿＿＿＿＿＿＿＿＿＿＿＿＿＿.

(3) A: Ээж ирж байна уу?

　　B: Үгүй. ＿＿＿＿＿＿＿＿＿＿＿＿＿＿＿＿＿＿＿.

(4) A: Чи сургууль руугаа явж байна уу?

　　B: Үгүй. ＿＿＿＿＿＿＿＿＿＿＿＿＿＿＿＿＿＿＿.

(5) A: Чи гэр лүүгээ явж байна уу?

　　B: Үгүй. ＿＿＿＿＿＿＿＿＿＿＿＿＿＿＿＿＿＿＿.

4 명사 뒤에 방향격 어미를 연결하여 문장을 완성하세요. (일반재귀어미 사용에 유의할 것)

(1) Ажил ＿＿＿＿＿＿ явж байна.

(2) Одоо гэр ＿＿＿＿＿＿ ирж байна.

(3) Бид эмнэлэг ＿＿＿＿＿＿ явж байна.

(4) Та над ＿＿＿＿＿＿ хэзээ утасдах вэ?　　＊утасдах 전화하다

(5) Тэд нар сургууль ＿＿＿＿＿＿ явж байна уу?

(6) Дэлгүүр ＿＿＿＿＿＿ явж байна.

몽골 문화기행

❊ 몽골의 금기 예절 ❊

몽골은 고대부터 지리적인 조건 때문에 유목 생활을 해 왔으며, 이에 관련된 여러 금기 예절이 있다. 몽골의 유목문화는 한국인에게는 친숙하지 않기 때문에 몽골인의 초대를 받았을 때 실례를 범할 수 있다. 미리 알아 둔다면 도움이 될 것이다.

■ 게르에서의 금기

- 문지방을 밟는 것을 금기시한다. 문의 신이 놀라고 집안에 좋지 않은 징조가 생긴다고 생각한다.
- 집안에서 휘파람을 불지 않는다. 휘파람을 불면 뱀이나 벌레 등이 들어온다고 생각한다.
- 집안의 걸럼트(голомт, 화로)에 쓰레기나 물 등을 넣는 것을 금기시한다. 화로는 집안의 생명, 정기로 보고 신성시한다.
- 다른 사람을 손가락으로 가리키는 것을 금한다. 상대방을 불쾌하게 할 수 있다.

■ 옷과 관련된 금기

- 옷의 앞섶을 젖히지 않는다. 이는 상을 당했을 때 주로 하는 행동이다.
- 다른 사람의 모자 위로 지나가지 않는다. 또, 다른 사람의 모자를 바꾸어 쓰거나, 주인의 허락 없이 함부로 다른 사람의 모자에 손을 대지 않는다. 모자는 신체의 중요한 부분인 머리를 보호하는 역할을 하기 때문에 중요하게 생각한다. 모자와 같이 허리띠도 신체를 보호한다는 특성 때문에 함부로 바꾸어 사용하는 것을 금기시한다.

■ 음식과 관련된 금기

몽골에서는 우유나 가축의 유제품을 강물에 넣으면 안 되는 금기가 있다. 자연을 보호하는 의미에서 검은색 물과 흰색 우유를 섞으면 강물이 오염된다고 믿기 때문이다. 또, 유제품을 땅에 쏟지 않는다.

■ 아이와 관련된 금기

어린 아이들이 건강하게 자라기를 바라는 마음을 담아 악귀를 쫓기 위한 금기들이 있다.
- 어린 아이에게 사랑스럽다, 예쁘다 등의 칭찬하는 말을 드러내 놓고 하지 않는다.
- 아기의 포대기나 옷을 밖에 두고 밤을 지내지 않는다.

Чи өчигдөр юу хийсэн бэ?

너는 어제 무엇을 했니?

주요 문법

• 동사의 과거 시제 -сан[4], -лаа[4]

Чөлөөт цаг

Уянга
Хёнү, чи Монголд хэзээ ирсэн бэ?
현우 치 멍걸드 헤쩨 이르셍 베

Хёнү
Би Монголд өнгөрсөн 5 сард ирсэн.
비 멍걸드 웅구르승 타왕 사르드 이르승

Уянга
Чи өчигдөр юу хийсэн бэ?
치 우칙두르 요 히승 베

Хёнү
Би өчигдөр орой дуурь үзлээ.
비 우칙두르 어러이 도르 우즐레

Уянга
Ямар дуурь үзсэн бэ?
야마르 도르 우즈승 베

Хёнү
《Хунт нуур》 гэдэг дуурь үзсэн.
홍트 노르 게떽 도르 우즈승

Уянга
Аан, тийм үү? Ямар байсан бэ?
앙 티 무 야마르 바이승 베

Хёнү
Надад таалагдсан.
나다드 탈락드승

해석

여가 시간

오양가   현우야, 넌 몽골에 언제 왔어?

현우   나는 몽골에 지난 5월에 왔어.

오양가   어제는 뭐 했어?

현우   어제 저녁에 오페라를 봤어.

오양가   어떤 오페라를 봤어?

현우   《백조의 호수》 오페라를 봤어.

오양가   아, 그래? 어땠어?

현우   마음에 들었어.

새 단어 및 표현

- хэзээ 헤쩨 ⑮ 언제
- өнгөрөх 웅구루흐 ⑧ 지나다
- дуурь 도르 ⑮ 오페라

- үзэх 우쩨흐 ⑧ (TV, 영화 등을) 보다
- Хунт нуур 홍트 노르 ⑮ 백조의 호수
- таалагдах 탈락다흐 ⑧ 마음에 들다

08 너는 어제 무엇을 했니?   99

문법

1 동사의 과거 시제 -сан⁴, -лаа⁴

① -сан⁴

몽골어는 동사의 어간에 과거 시제 어미를 결합하여 과거의 일을 나타낸다. 과거 시제를 나타내는 어미는 여러 가지가 있으며, 그 중에서 가장 일반적으로 사용되는 것은 -сан⁴이다. 이미 끝난 과거의 일시적 동작, 행위를 나타낸다.

	동사 원형	동사 어간	과거형
-сан	явах 가다	яв-	явсан 갔다
-сон	орох 들어가다	ор-	орсон 들어갔다
-сэн	үзэх 보다	үз-	үзсэн 보았다
-сөн	төрөх 태어나다	төр-	төрсөн 태어났다

Дүү сургуульдаа явсан. 동생이 학교에 갔다.

Би Монголоос ирсэн. 저는 몽골에서 왔습니다.

※ 주로 과거를 나타내는 다음과 같은 어휘들과 많이 사용한다.

өнөөдөр 오늘	өнгөрсөн долоо хоног 지난주
өчигдөр 어제	өнгөрсөн сар 지난달
уржигдар 그저께	өнгөрсөн(ноднин) жил 작년

өнгөрсөн 지난	+	долоо хоног 주 сар 달 жил 해

өчигдөр 어제	+	өглөө 아침 өдөр 낮 орой 저녁 шөнө 밤

Өчигдөр гэртээ амарсан. 어제 집에서 쉬었다.

Уржигдар номын санд хичээлээ хийсэн. 그저께 도서관에서 공부를 했다.

Өнгөрсөн долоо хоногт Хятад руу явсан. 지난주에 중국으로 갔다.

의문문의 경우, -сан⁴ 뒤에 적절한 의문첨사를 붙인다.

Дорж өчигдөр Хятад руу явсан уу? 더르찌는 어제 중국으로 갔어?

Энд бороо орсон уу? 여기에 비가 왔어요? *бороо орох 비가 오다

Чи Батад ном өгсөн үү? 너 바트에게 책을 줬어?

Та хэдэн онд төрсөн бэ? 당신은 몇 년도에 태어났습니까?

부정형의 경우, 동사 어간에 -ааг̆й⁴를 붙인다.

Дорж өчигдөр Хятад руу яваагүй. 더르찌는 어제 중국으로 가지 않았다.

Би хөгжим сонсоогүй. 나는 음악을 안 들었다.

Энд бороо ороогүй. 여기에 비가 오지 않았다.

Багш надад ном өгөөгүй. 선생님께서 책을 안 주셨다.

② -лаа⁴

과거 시제 어미 -лаа⁴는 주로 직접 체험했거나 목격한, 근접한 과거의 일을 표현한다.

	동사 원형	동사 어간	과거형
-лаа	явах 가다	яв-	явлаа 갔다
-лоо	орох 들어가다	ор-	орлоо 들어갔다
-лээ	үзэх 보다	үз-	үзлээ 보았다
-лөө	өгөх 주다	өг-	өглөө 주었다

※ 주로 가까운 과거를 나타내는 아래의 단어와 함께 쓰인다.

сая 방금	саяхан 방금	дөнгөж сая 조금 전에	өнөөдөр 오늘

Эмч сая явлаа. 의사 선생님께서 방금 가셨다.

Ээж сая ирлээ. 어머니께서 방금 오셨다.

Би саяхан энэ номыг уншлаа. 나는 방금 이 책을 읽었다.

Үүнийг дөнгөж сая их дэлгүүрээс авлаа. 이것을 조금 전에 백화점에서 샀어요.

의문문과 부정문의 경우 -сан⁴과 형태가 동일하며 의문문은 -сан⁴ уу? 혹은 -сан⁴ бэ?, 부정문은 -ааг̆й⁴를 사용한다. -лаа⁴에 의문첨사를 붙일 경우, 과거의 의미가 사라지고 가까운 미래의 의미로 사용된다.

Чи одоо явлаа юу? 너 지금 갈 거니?

Та нар гарлаа юу? 당신들은 나가시나요?

핵심표현

❶ 과거의 일 묻고 답하기

A: Та өчигдөр юу хийсэн бэ?
어제 무엇을 했나요?

B: Сонин уншсан.
신문을 읽었어요.

☐ 동사 어간 + -сан⁴의 형태로 과거 시제를 표현할 수 있다.

$$동사\ 어간 \quad + \quad \begin{array}{l} -сан^4 \text{(긍정)} \\ -сан^4\ уу \text{(의문)} \end{array}$$

과거 시제로 말해 보세요.

❶-1

(1)
сэтгүүл унших
잡지를 읽다

(2)
гэртээ амрах
집에서 쉬다

(3)
талх авах
빵을 사다

A: Та англи хэл сурсан уу?
당신은 어제 영어를 배웠나요?

B: Үгүй, сураагүй. Хятад хэл сурсан.
아니요, 배우지 않았어요. 중국어를 배웠어요.

☐ 과거형의 부정형은 -аагүй⁴이다.

$$동사\ 어간 \quad + \quad -аагүй^4 \text{(부정)}$$

옆의 대화문 형식으로 말해 보세요.

❶-2

어제 하지 않은 일	어제 한 일
(1) зурагт үзэх 텔레비전을 보다	сонин унших 신문을 읽다
(2) цай уух 차를 마시다	кофе уух 커피를 마시다
(3) хөгжим сонсох 음악을 듣다	радио сонсох 라디오를 듣다

❷ 과거를 나타내는 시간 표현

A: Та хэзээ ирсэн бэ?

당신은 언제 오셨나요?

B: Өчигдөр орой ирсэн.

어제 저녁에 왔어요.

A: Та хэзээ монгол хэл сурсан бэ?

당신은 언제 몽골어를 배웠나요?

B: 2 жилийн өмнөөс сурсан.

2년 전부터 배웠어요.

몽골어로 말해 보세요.

❷

(1) 저는 한국에 어제 저녁에 왔습니다.

(2) 현우는 2년 전에 몽골에 왔습니다.

(3) 오양가는 5개월 전부터 한국어를 배웠습니다.

☐ '몇 시간 전', '몇 달 전' 같이 '～전'이라는 단어는 **өмнө**에 해당하며 **өмнө** 앞에는 속격(**-ын²**)을 연결한다.

숫자 + **-н**
+
цагийн 시간
долоо хоногийн 주
сарын 달
жилийн 년
+
өмнө

☐ 시간을 나타내는 단어 뒤에 탈격 어미(**-аас⁴**)를 붙여, 그 시점 이후에 계속 해 왔음을 나타낼 수 있다.

Өглөө 8 цагаас хичээлтэй.

아침 8시부터 수업이 있다.

Сарнай 3 жилийн өмнөөс хятад хэл сурсан.

사르나이는 3년 전부터 중국어를 배웠다.

Өчигдрөөс юу ч идээгүй байна.

어제부터 아무것도 먹지 않고 있다.

* **юу ч** 아무것도

연습문제

1 문장을 듣고 빈칸에 알맞은 단어를 〈보기〉에서 골라 쓰세요. 🎧 08-3

> | 보기 |　 эрт　　 цас　　 11 цагт　　 Монгол　　 хүү　　 өчигдөр

(1) Энд өчигдөр _____ орсон.

(2) Өнгөрсөн жил _____ явсан.

(3) Би өглөө _____ боссон.

(4) Чи _____ юу хийсэн бэ?

(5) Манай _____ 3 жилийн өмнө төрсөн.

(6) Өчигдөр орой _____ унтсан.

2 다음을 〈보기〉와 같이 과거 시제 어미 -сан⁴을 연결하여 쓰세요.

> | 보기 |　 хоол идэх　 →　 <u>Хоол идсэн.</u>

(1) хог шүүрдэх　　 → _____　　 * шүүрдэх 쓸다

(2) бороо орох　　 → _____

(3) багш ирэх　　 → _____

(4) хот руу явах　　 → _____

(5) хурал болох　　 → _____　　 * хурал 회의

(6) хичээлээ хийх　　 → _____

3 괄호 안의 동사에 과거 시제 어미를 연결하여 빈칸에 쓰세요.

(1) A: Чи өчигдөр юу хийсэн бэ?

B: Би өчигдөр ном _____. (унших)

(2) A: Та өнөөдөр сонин _____ уу? (унших)

B: Тийм ээ. Би өглөө сонин _____.

(3) A: Чи хаанаас _____ бэ? (ирэх)

B: Би ажлаасаа _____.

(4) A: Та гэрээсээ хэзээ _____ бэ? (гарах)

B: Би гэрээсээ эрт _____.

4 괄호 안의 동사에 과거 부정 어미를 연결하여 빈칸에 쓰세요.

> | 보기 |
> A: Чи ном уншсан уу?
> B: Үгүй, би ном уншаагүй. (унших)

(1) A: Бат аа, чи өчигдөр монгол хоол идсэн үү?

B: Үгүй, би монгол хоол _____. (идэх)

(2) A: Чи өчигдөр орой радио сонссон уу?

B: : Үгүй, би радио _____. (сонсох)

(3) A: Чи өнөөдөр юу хийсэн бэ?

B: Онц юм _____. (хийх)　　*онц юм 특별한 것

(4) A: Чамд ээж мөнгө өгсөн үү?

B: Үгүй, ээж надад мөнгө _____. (өгөх)

✖ 몽골의 유제품 ✖

고대부터 유목 생활을 해 왔던 몽골 지역에서는 가축의 젖으로 만든 유제품이 발달하였다. 이를 흰 음식(цагаан идээ)이라고 부른다. 몽골 사람들은 여름에서 가을까지 짜낸 젖으로 여러 가지 유제품을 만들어 부족한 영양소를 보충한다. 대표적인 몽골의 유제품을 소개하면 아래와 같다.

■ 아이락(마유주, айраг)

아이락은 말젖을 발효시켜 만든 것으로, 나무 막대로 만 번 정도 저어야 좋은 아이락이 생산된다고 한다. 한국의 막걸리와 비슷한 맛으로, 단백질과 비타민이 풍부하다. 다양한 행사에도 아이락은 빠질 수 없는 음료이다.

■ 수태차(сүүтэй цай)

수태차는 몽골인들이 즐겨 마시는 차로, 찻잎을 넣고 끓인 물에 우유를 넣어 만든다. 몽골인들은 평소에 육류를 많이 섭취하기 때문에 차를 많이 마신다. 또 수태차는 단백질을 섭취하는 데 도움을 주며, 작은 고기 만두인 반시(банш)나 말린 고기인 버르츠(борц) 등을 넣어 식사 대용으로 먹기도 한다.

▶ 수태차

■ 아롤(ааруул)

아롤은 술을 증류하고 남은 찌꺼기 혹은 발효시킨 요구르트를 체에 걸러 건조시킨 것이다. 건조 식품이기 때문에 오래 보관이 가능하며, 비타민이 많이 함유되어 있어 비상 식량으로도 사용된다. 몽골 집에 방문하게 되면 식탁 위에 아롤이 담긴 그릇이 있는 것을 쉽게 볼 수 있다.

▶ 아롤

■ 우룸(өрөм)

우유를 끓인 뒤 위에 떠오르는 거품을 식히면 굳어 버터처럼 되는데 이를 우룸이라고 한다. 몽골 가정에서 쉽게 볼 수 있으며 빵에 발라 먹거나 수태차에 넣어 먹기도 한다.

이 외에도 치즈(бяслаг), 아르츠(аарц), 요구르트(тараг) 등의 다양한 유제품이 있다.

▶ 우룸

Хоёулаа хамт цуглаанд очих уу?

둘이서 함께 모임에 갈래?

Монгол хэл суралцагчдын цуглаан

Уянга **Хёнү, өнөө орой завтай юу?**
현우 　우누 　어러이 　자우타이 　요

Хёнү **Завтай, завтай. Яасан бэ?**
자우타이 　자우타이 　야승 　베

Уянга **Хоёулаа хамт цуглаанд очих уу?**
허욜라 　함트 　초글랑드 　어치 　호

Хёнү **Юун цуглаан бэ?**
욘 　초글랑 　베

Уянга **Тав дахь өдөр монгол хэл суралцагчдын цуглаан болдог.**
타우 　다흐 　우드르 　멍걸 　헬 　소랄착치딩 　초글랑 　벌떡

Хёнү **Тэр цуглаан өнөөдөр хэдэн цагт болох вэ?**
테르 　초글랑 　우누두르 　헤등 　착트 　벌러흐 　웨

Уянга **Орой долоон цагт болно.**
어러이 　덜렁 　착트 　벌른

Хёнү **Тэгвэл би заавал очно. Хоёулаа хаана уулзах вэ?**
테그웰 　비 　자왈 　어치너 　허욜라 　한 　올자흐 　웨

Уянга **Монгол Улсын Их Сургуулийн буудал дээр уулзъя.**
멍걸 　올싱 　이흐 　소르골링 　보달 　데르 　올지야

Хёнү **За, тэгье.**
자 　테기

●● 해석

몽골어를 배우는 사람들의 모임

오양가	현우야, 오늘 저녁에 시간 있어?
현우	응, 있어. 무슨 일이야?
오양가	둘이서 함께 모임에 갈래?
현우	웬 모임?
오양가	금요일마다 몽골어를 배우는 사람들의 모임이 있어.
현우	모임이 몇 시에 시작하는데?
오양가	저녁 7시에 시작해.
현우	그러면 꼭 갈게. 어디에서 만날까?
오양가	몽골국립대학교 정류장에서 만나자.
현우	그래.

●● 새 단어 및 표현

- завтай 자우타이 [형] 시간이 있다 (반의어 завгүй)
- яах 야흐 [동] 어떻게 하다
- хамт 함트 [부] 함께, 같이
- цуглаан 초글랑 [명] 모임
- очих 어치흐 [동] 가다, 이르다
- суралцагч 소랄착치 [명] 학습자

- заавал 자왈 [부] 꼭
- уулзах 올자흐 [동] 만나다
- Монгол Улсын Их Сургууль(МУИС)
  멍걸 올싱 이흐 소르골(모이스) [명] 몽골국립대학교
- буудал 보달 [명] 역, 정류장
- тэгье 테기 [감] 그러자

문법

1 동사의 미래 시제

① 평서문

동사 어간에 미래 시제 종결어미 **-на⁴**를 연결하여 미래 시제를 나타낸다. 어미는 모음조화 규칙에 따라 연결한다.

	동사 원형	어간	미래 시제
-на	явах 가다	яв-	явна
-но	орох 들어가다	ор-	орно
-нэ	үзэх 보다	үз-	үзнэ
-нθ	θгθх 주다	θг-	θгнθ

> Бид кино үзнэ. 우리는 영화를 볼 것이다.
>
> Би Монгол явна. 나는 몽골에 갈 것이다.

※ 미래 시제는 아래와 같이 미래를 나타내는 어휘들과 함께 사용한다.

θнθθ орой 오늘 밤	маргааш 내일	нθгθθдθр 모레
дараа 다음	удахгүй 곧	одоохон 금방

> Би θнθθ орой 11 цагт унтана. 나는 오늘 밤 11시에 잘 것이다.
>
> Манай хичээл маргааш эхэлнэ. 우리 수업은 내일 시작한다.
>
> Солонгос руу дараа явна. 한국에 다음에 간다.
>
> Удахгүй очно. 곧 갈 거예요.

② 의문문

동사 원형(-х)에 적절한 의문첨사를 연결하여 의문문을 만든다.

> Та θнθθдθр кино үзэх үү? 당신 오늘 영화 보실 건가요?
>
> Маргааш хаашаа явах вэ? 내일 어디로 갈 건가요?

③ 부정문

동사 어간에 '-хгүй'를 붙여 부정문을 만든다.

> **Би номын сан руу ява**хгүй. 나는 도서관에 가지 않을 것이다.
>
> **Би маргааш кино үзэ**хгүй. 나는 내일 영화를 보지 않을 것이다.

2 1인칭 종결어미 -я, -ё, -е

동사 어간에 종결어미 **-я, -ё, -е**를 붙여 주어의 의지를 나타내거나, 다른 사람에게 제안하는 표현을 나타낼 수 있다.

① -я

동사 어간이 모음 **о**를 제외한 남성 단어인 경우 '경음부호 **ъ + я**'를 연결한다. 단, 동사 어간이 장모음이나 이중모음으로 끝나는 경우에는 경음부호를 붙이지 않는다.

> **ярих** 말하다 — **яр**ъ**я** 말하자, 말할 것이다
>
> **наах** 붙이다 — **наа**я 붙이자, 붙일 것이다
>
> **харах** 보다 — **хар**ъ**я** 보자, 볼 것이다
>
> **суух** 앉다 — **суу**я 앉자, 앉을 것이다

② -ё

동사 어간이 모음 **о**를 포함한 경우 '경음부호 **ъ + ё**'를 연결한다. 단, 동사 어간이 장모음이나 이중모음으로 끝나는 경우에는 경음부호를 붙이지 않는다.

> **босох** 일어나다 — **бос**ъ**ё** 일어나자, 일어날 것이다
>
> **ороох** 감다, 말다 — **ороо**ё 감자, 감을 것이다
>
> **сонсох** 듣다 — **сонс**ъ**ё** 듣자, 들을 것이다
>
> **сойх** 식히다 — **сой**ё 식히자, 식힐 것이다

③ -е

동사 어간이 여성모음인 경우, '연음부호 **ь + е**'를 결합한다. 이때, 장모음이나 이중모음으로 끝나는 경우 연음부호를 생략한다.

> **үзэх** 보다 — **үз**ь**е** 보자, 볼 것이다
>
> **хийх** 하다 — **хий**е 하자, 할 것이다
>
> **тэгэх** 그렇게 하다 — **тэг**ь**е** 그렇게 하자, 그렇게 할 것이다
>
> **хүлээх** 기다리다 — **хүлээ**е 기다리자, 기다릴 것이다

> **Би хий**е. 제가 할게요.
>
> **Түүнийг ав**ъ**я.** 그것을 살게요./그것을 사자.
>
> **Маргааш танайд оч**ъ**ё.** 내일 너희 집에 갈게./내일 너희 집에 가자.

핵심표현

① 미래의 일 묻고 답하기

> A: **Та маргааш юу хийх вэ?**
> 당신은 내일 무엇을 하실 건가요?
>
> B: **Би маргааш ууланд явна.**
> 저는 내일 등산 갈 거예요.

☐ 미래시제는 동사 어간에 -на⁴를 붙여 표현한다.

$$동사 어간 + \begin{cases} \text{-на}^4 \text{(긍정)} \\ \text{-х уу}^2 \text{(의문)} \\ \text{-хгүй (부정)} \end{cases}$$

미래 시제로 말해 보세요.

①

(1)
цай уух
차를 마시다

(2)
хөгжим сонсох
음악을 듣다

(3)
талх авах
빵을 사다

---

② 다른 사람에게 청유하기

> A: **Хоёулаа 3 цагт уулзъя.**
> 둘이 3시에 만나요.
>
> B: **За, тэгье.**
> 네, 그래요.
> ┄┄┄┄┄┄┄┄┄┄┄┄┄┄┄┄┄┄┄┄┄┄
> A: **Бид номын сан явах уу, гэртээ харих уу?**
> 우리 도서관에 갈까요, 집에 갈까요?
>
> B: **Номын сан явъя.**
> 도서관에 가요.

☐ **тэгье**는 어떤 제안을 수락할 때 많이 사용하는 표현이다.

남성모음(О 제외)	+	-ъя
남성모음(О)	+	-ъё
여성모음	+	-ье

몽골어로 말해 보세요.

②

(1) 셋이 영화 봐요.

(2) 내일 집에서 쉴 거예요, 시골 갈 거예요? / 집에서 쉴게요.

(3) 토요일에 몽골 음식 먹을 거예요, 중국 음식 먹을 거예요? / 중국 음식 먹어요.

❸ 요일 표현 말하기

A: **Та хагас сайнд юу хийх вэ?**
당신은 토요일에 무엇을 하실 건가요?

B: **Биеийн тамир хийнэ.**
운동을 할 거예요.

몽골어로 말해 보세요.

❸

(1) 현우는 토요일에 무엇을 하나요? /
그는 영화를 볼 거예요.

(2) 오양가는 일요일에 무엇을 하나요? /
그녀는 시골에 갈 거예요.

(3) 체첵(Цэцэг)은 수요일에 무엇을
하나요? / 그는 백화점(их дэлгүүр)에
갈 거예요.

□ 요일 표현

	구어체	문어체
월요일	Нэг дэх өдөр	Даваа гариг
화요일	Хоёр дахь өдөр	Мягмар гариг
수요일	Гурав дахь өдөр	Лхагва гариг
목요일	Дөрөв дэх өдөр	Пүрэв гариг
금요일	Тав дахь өдөр	Баасан гариг
토요일	Хагас сайн өдөр	Бямба гариг
일요일	Бүтэн сайн өдөр	Ням гариг

□ 몽골어의 요일 표현은 두 가지가 있으며, 첫 번째 표현은 구어체에서, 두 번째
표현은 문어체에서 주로 사용된다.

□ 구어체 요일 표현에 격어미를 붙일 경우 **өдөр**를 생략하고 쓰는 경우가 많다.

Нэг дэхэд 월요일에   **Хагас сайнд** 토요일에
Бүтэн сайнд 일요일에

> 참고 дахь, дэх는 '–번째'를 나타내는 표현으로, нэг дэх өдөр라고 하면 원래는
> '첫 번째 날', хоёр дахь өдөр라고 하면 '두 번째 날'이라는 의미이다.
>
> **гурав дахь удаа** 세 번째(3차)
> **нэг дэх шалгалт** 첫 번째 시험(제1차 시험)

연습문제

1 문장을 듣고 빈칸에 알맞은 단어를 〈보기〉에서 골라 쓰세요.　🎧 09-3

> | 보기 |　өнөө орой　маргааш　очих　жил　уншина　Тав дахь өдөр

(1) Би энэ _____ сургуульд орно.

(2) Өнөөдөр гэртээ ном _____.

(3) _____ _____ _____ монгол хэл суралцагчдын цуглаан болдог.

(4) Хоёулаа хамт цуглаанд _____ уу?

(5) Би _____ _____ 11 цагт унтна.

(6) Манай хичээл _____ эхэлнэ.

2 빈칸에 알맞은 단어를 〈보기〉에서 골라 의문문을 완성하세요.

> | 보기 |　хоол　автобус　маргааш　Монголд　хичээл　бямба гаригт

(1) Чи _____ юу хийх вэ?

(2) Та ирэх _____ _____ юу хийх вэ?

(3) Чи _____ хэзээ ирэх вэ?

(4) _____ хэдэн цагт эхлэх вэ?

(5) Та ямар _____ идэх вэ?

(6) Аль _____ Сөүл явах вэ?

3 다음 문장을 주어진 단어와 부정 어미 -хгүй를 활용하여 쓰세요.

(1) 나는 밥을 먹지 않을 것이다. (хоол, идэх)

_____

(2) 저는 야채를 사지 않을 거예요. (ногоо, авах)

_____

(3) 나는 영화를 보지 않을 것이다. (кино, үзэх)

_____

(4) 바트는 내일 오지 않을 것이다. (Бат, ирэх)

_____

(5) 아버지는 내일 회사에 안 가실 것이다. (аав, явах)

_____

4 다음을 〈보기〉와 같이 1인칭 종결어미 -я, -ё, -е를 연결하여 쓰세요.

| 보기 | өглөө эрт босох → Өглөө эрт босъё.

(1) ном унших

→ _____

(2) танайд очих

→ _____

(3) тоо бодох

→ _____

(4) эрт унтах

→ _____

(5) гадаа гарах

→ _____

(6) долоон цагт босох

→ _____

(7) хичээлээ хийх

→ _____

(8) багшаас асуух

→ _____

❈ 몽골의 전통 놀이 ❈

■ 샤가이 놀이(Шагайн тоглоом)

가축의 뒷다리 정강이뼈의 가는 끝부분, 복사뼈의 넓은 쪽에 걸친 작은 뼈를 샤가이라고 한다. 몽골인들은 오래전부터 많은 가축들을 키우고자 하였으며, 이러한 소망을 샤가이에 담아 왔다. 특히 샤가이를 아이들의 교육용 도구로 사용하였는데, 가축의 이름이나 숫자 세는 방법 등에 사용하여 아이들의 사고 발달에 도움을 주고자 하였다.

▶ 샤가이

■ 샤가이 팅기기(Шагай няслах)

많은 개수의 샤가이를 던져서 같은 모양의 샤가이를 팅겨 맞히는 게임이다. 맞힌 샤가이는 본인이 갖고, 3번까지 계속 맞힐 수 있다. 다른 모양의 샤가이를 맞히면 본인 샤가이 중 한 개를 내려놓는다.

▶ 샤가이 팅기기

■ 두르웅 베르흐(Дөрвөн бэрх)

샤가이를 4개 던져서 각각 양, 염소, 낙타, 말의 4가지 동물 모양으로 나오게 하는 놀이이다. 4가지 동물로 나오는 것이 어렵기 때문에 4가지의 어려움이라는 의미에서 두르웅 베르흐(дөрвөн бэрх)라고 한다. 던질 때, '잔치는 나이 많은 사람부터, 축제는 어린 사람부터'라는 속담에 따라 가장 어린 사람부터 시작해서 던진다.

▶ 낙타

▶ 말

▶ 양

▶ 염소

Би цамц авмаар байна.

저는 스웨터를 사고 싶어요.

주요 문법

• 대격 어미 -ыг[2] • 인칭대명사의 대격 • ~고 싶다 -маар[4] байна

Их дэлгүүрт

Худалдагч	**Та юу авах вэ?** 타 요 아와흐 웨
Хёну	**Би цамц авмаар байна.** 비 참츠 아우마르 바인
Худалдагч	**Энэ хар өнгийн цамц ямар вэ?** 엔 하르 웅깅 참츠 야마르 웨
Хёну	**Гоё харагдаж байна. Өөр өнгө бий юу?** 거이 하락다찌 바인 우르 웅그 비 유
Худалдагч	**Цагаан өнгө байна. Таны размер хэд вэ?** 차강 웅그 바인 타니 라즈메르 헤드 웨
Хёну	**Би 40 размер өмсдөг.** 비 두친 라즈메르 움스둑
Худалдагч	**За, та үүнийг өмсөөд үзнэ үү.**[*] 자 타 우닉 움수드 우즈 누
Хёну	**Энэ размер надад томдож байна.** 엔 라즈메르 나다드 텀더찌 밴
Худалдагч	**Тэгвэл үүнийг өмсөөд үзнэ үү.**[*] 테그웰 우닉 움수드 우즈 누
Хёну	**Энэ размер яг таарч байна. Үүнийг авъя.** 엔 라즈메르 약 타르치 바인 우닉 아위야

[*] '~하세요'라고 상대방에게 정중하게 요청할 때 -на[4] уу를 사용한다.

해석

백화점에서

점원	무엇을 사실 건가요?
현우	스웨터를 사려고 해요.
점원	이 검은색 스웨터는 어떠신가요?
현우	예뻐 보이네요. 다른 색깔 있나요?
점원	흰색이 있어요. 사이즈가 어떻게 되세요?
현우	제 사이즈는 40입니다.
점원	네, 입어 보세요.
현우	이 사이즈는 저한테 크네요.
점원	그럼 이것을 입어 보세요.
현우	딱 맞네요. 이걸로 살게요.

새 단어 및 표현

- □ авах 아와흐 (= худалдаж авах) 동 사다
- □ цамц 참츠 명 셔츠, 스웨터
- □ хар 하르 형 검은색의
- □ өнгө 웅그 명 색깔
- □ гоё 거이 형 멋진, 예쁜
- □ харагдах 하락다흐 동 보이다
- □ өөр 우르 형 다른

- □ цагаан 차강 형 흰색의
- □ размер 라즈메르 명 치수, 사이즈
- □ Размер хэд вэ? 사이즈가 몇인가요?
- □ өмсөх 움수흐 동 입다
- □ томдох 텀더흐 동 크다
- □ таарах 타라흐 동 (사이즈 등이) 맞다

문법

1 대격 어미 -ыг²

대격 어미는 해당 문장의 목적어를 나타내는 기능을 수행하며, 한국어의 '~을(를)'과 유사한 의미를 가진다. 대격 어미는 '그의 책', '바트의 책'처럼 목적어가 수식을 받는 경우에만 연결한다.

> Би ном уншсан.   나는 책을 읽었다.
>
> Би Батын номыг уншсан.   나는 바트의 책을 읽었다.

대격 어미는 아래와 같이 3가지 형태로 사용된다.

① -ыг

단어의 끝이 단모음 또는 자음으로 끝나는 남성 단어에 연결한다. 모음으로 끝나는 경우, 마지막 모음을 탈락시키고 붙인다.

> Бат 바트 → Батыг 바트를   ном 책 → номыг 책을
>
> хувцас 옷 → хувцсыг 옷을   орлого 수입 → орлогыг 수입을
>
> Би энэ номыг уншсан.   나는 이 책을 읽었다.
>
> Дүү тэр хувцсыг угаасан уу?   동생은 그 옷을 세탁했니?

② -ийг

단어의 끝이 단모음 또는 자음으로 끝나는 여성 단어에 연결한다. 모음으로 끝나는 경우, 마지막 모음을 탈락시키고 붙인다.

> хүн 사람 → хүнийг 사람을   үзэг 볼펜 → үзгийг 볼펜을
>
> сураг 소식 → сургийг 소식을   мөнгө 돈 → мөнгийг 돈을
>
> Энэ хүнийг Бат гэдэг.   이분을 바트라고 한다.
>
> Түүний сургийг сонссон уу?   그의 소식을 들었니?

> **참고** 남성어일지라도 단어 끝이 -г, -ж, -ч, -ш, -ь, -и로 끝날 경우에는 -ийг를 연결한다
>
> зураг 사진 → зургийг 사진을   багш 선생님 → багшийг 선생님을
>
> Дорж 더르찌 → Доржийг 더르찌를   байгаль 자연 → байгалийг 자연을
>
> сурагч 학생 → сурагчийг 학생을   анги 교실 → ангийг 교실을

③ -г

장모음, 이중모음으로 끝나거나, 숨은 -г가 있는 단어 뒤에 남성, 여성모음과 관계없이 연결한다.

номын сан 도서관 → номын санг 도서관을   далбаа 국기 → далбааг 국기를

байшин 건물 → байшинг 건물을   малгай 모자 → малгайг 모자를

Бид тэр байшинг олсон.   우리는 그 건물을 찾았다.

Сурагчид Монголын төрийн далбааг хийлээ.   학생들이 몽골 국기를 만들었다.

2 인칭대명사의 대격

	단수	복수
1인칭	намайг 나마익 나를	биднийг/бид нарыг 비드닉/비드 나릭 우리를
2인칭	чамайг 차마익 너를	та нарыг 타 나릭 너희들을/당신들을
	таныг 타닉 당신을	
3인칭	үүнийг/энийг 우닉/에닉 이것을/이 사람을	эднийг/эд нарыг 에드닉/에드 나릭 이것들을/이들을
	түүнийг/тэрийг 투닉/테르닉 그것을/그 사람을	тэднийг/тэд нарыг 테드닉/테드 나릭 그것들을/그들을

Бат намайг урьсан.   바트가 나를 초대했다.

Таныг хэн гэдэг вэ?   당신을 누구라 합니까?

Хэн үүнийг хийсэн бэ?   누가 이것을 만들었어?

3 ~고 싶다 -маар⁴ байна

'동사 어간 + -маар⁴ байна'은 한국어의 '~고 싶다'에 대응하는 의미이며, 화자가 원하는 것을 나타낸다.

Би амармаар байна.   나는 쉬고 싶다.

Би Монгол хоол идмээр байна.   나는 몽골 음식을 먹고 싶다.

'~하고 싶지 않다'는 의미를 표현하려면 -маар⁴гүй байна을 사용한다.

Би энэ хувцсыг авмааргүй байна.   나는 이 옷을 사고 싶지 않다.

Би хөдөө явмааргүй байна.   나는 시골에 가고 싶지 않다.

1 대격 어미를 사용한 표현

A: Дарга хэнийг дуудсан бэ?
사장님이 누구를 부르셨나요?

B: Батыг дуудсан.
바트를 부르셨어요.

A: Та дүүгээ санаж байна уу?
당신은 동생이 그립나요?

B: Санаж байна.
그리워요.

A: Та миний цүнхыг харсан уу?
당신은 제 가방을 보셨나요?

B: Харсан. Ширээн дээр байгаа.
보았어요. 책상 위에 있어요.

☐ '사물을 나타내는 단어 + 대격 어미' 뒤에 인칭재귀어미 -аа⁴를 연결할 때에는 주로 대격 어미를 생략한다.

Би номоо уншсан. 나는 (나의) 책을 읽었다.

Би өнөөдөр үзгээ мартсан.
나는 오늘 (나의) 볼펜을 잃어버렸다.

몽골어로 말해 보세요.

1

(1) 어머니가 누구를 부르셨나요? /
저를 부르셨어요.

(2) 당신은 고향(нутаг)이 그립나요? /
네, 그리워요.

(3) 당신은 제 연필을 보셨나요? /
보았어요. 침대 위에 있어요.

2 원하는 것 이야기하기

A: Та өлсөж байна уу? 배고프신가요?

B: Өлсөж байна. Нэг сайхан хоол идмээр байна.
배고파요. 좋은 음식을 먹고 싶어요.

A: Та ядарч байна уу? 피곤하신가요?

B: Ядарч байна. Гэртээ амармаар байна.
피곤해요. 집에서 쉬고 싶어요.

☐ -маар⁴ байна 표현을 활용하여 원하는 것을 이야기할 수 있다.

몽골어로 말해 보세요.

2

(1) 한국 음식을 먹고 싶어요.

(2) 찬(хүйтэн) 음료(ундаа)를
마시고 싶어요.

(3) 몽골에 가고 싶어요.

❸ 상점에서 사용할 수 있는 표현

A: Та юу авах вэ? 무엇을 사실 건가요?

B: Би цамц авмаар байна. 스웨터를 사고 싶어요.

A: Энэ цамц ямар вэ? 이 셔츠 어때요?

B: Гоё харагдаж байна. 좋아 보여요.

❸

(1) 이 바지 어때요?

(2) 저는 42 사이즈를 입습니다.

(3) 이 신발은 나에게 작습니다.

☐ '~ ямар вэ?'는 상대방에게 '~ 어때요?'라고 괜찮은지 여부를 물어볼 때 사용할 수 있다.

> Энэ хоол ямар вэ? 이 음식 어때요?

A: Энэ цамц ямар вэ? 이 셔츠 어떤가요?

B: Томдож байна. 커요.
Жижигдэж байна. 작아요.
Сайхан таарч байна. 잘 맞아요.

A: Таны размер хэд вэ? 사이즈가 어떻게 되시나요?

B: Би 40 размер өмсдөг. 저는 40 사이즈를 입습니다.

☐ томдох(크다), жижигдэх(작다), таарах(맞다) 동사를 활용하여 사이즈에 대해 표현할 수 있다.

☐ 의류/신발 어휘

цамц 셔츠   оймс 양말

пальто 외투   гутал 신발

өмд 바지   малгай 모자

의류/신발 어휘   **+**   өмсөх(입다)

연습문제

1 문장을 듣고 빈칸에 알맞은 단어를 〈보기〉에서 골라 쓰세요. 🎧 10-3

| 보기 | размер   санаж   харагдаж   амармаар   энэ   мөнгийг

(1) Би _____ хувцсыг авмаар байна.

(2) Гоё _____ байна.

(3) Таны _____ хэд вэ?

(4) Энэ _____ дүүдээ өгье.

(5) Гэртээ _____ байна.

(6) Та дүүгээ _____ байна уу?

2 괄호 안의 단어에 대격 어미 -ыг²를 연결하여 빈칸을 채우세요.

(1) Бид _____ хүлээж байна. (найз)

(2) Надад _____ өгөөч. (хоёр)

(3) Та _____ авах вэ? (хэд)

(4) Тэр өрөөний _____ унтраасан уу? (гэрэл)

(5) Нараа _____ сайн дуулдаг. (дуу)

(6) Миний _____ сайн харж байна уу? (дүү)

3 빈칸에 대격 어미 -ыг²를 연결하여 대화를 완성하세요.

> | 보기 |　A: Тэр хүнийг хэн гэдэг вэ?
> 　　　　B: Тэр хүнийг Энхээ гэдэг.

(1) A: Миний цүнх_____ авсан уу?

　　B: Чиний цүнх_____ аваагүй.

(2) A: Урангоо багш_____ харсан уу?

　　B: Би багш_____ хараагүй.

(3) A: Танай дарга_____ хэн гэдэг вэ?

　　B: Манай дарга_____ Баяраа гэдэг.

(4) A: Энэ юм_____ хаанаас авсан бэ?

　　B: Энэ юм_____ тэр хүнээс авсан.

4 다음 문장을 몽골어로 쓰세요.

(1) 이 사이즈는 저에게 크네요.

_____

(2) 이 셔츠는 저에게 잘 맞네요.

_____

(3) 이 외투 어때요?

_____

(4) 내일은 집에서 쉬고 싶어요.

_____

(5) 당신의 가방이 책상에 있는 것을 보았어요.

_____

✖ 몽골의 전통 의상 ✖

몽골의 전통 의상은 몽골의 기후와 유목 문화 등이 반영된 결과물이
다. 몽골의 겨울은 춥고 길기 때문에, 추위를 막기 위해 옷이 길고 양
의 가죽을 사용하여 보온성을 높였다. 의상은 몽골의 부족마다 조금
씩 다른 양식을 보이며, 모자, 델, 허리띠, 조끼, 바지, 신발 등을 갖춰
입는다.

▶ 몽골 전통 의상을 입은 사람들

■ 모자(малгай)

몽골의 극심한 추위를 막아 주는 역할을 하며, 장식으로도 사용되었
다. 이 때문에 몽골에서는 모자를 중요하게 생각하였고, 이와 관련된
금기도 많은 편이다. '모자를 잃어버리면 불행을 당한다', '모자를 다른
사람과 바꾸어 쓰지 않는다' 등 모자를 함부로 하지 않는다.

▶ 모자

■ 델(дээл)

한국의 두루마기와 비슷하며, 상의와 하의의 구분이 따로 없다. 깃은 끝을 둥글게 돌려 모양을 내었으며, 앞가슴
의 섶을 오른쪽으로 낸다. 단추를 사용하면 떨어질 우려가 있기 때문에 단추를 사용하지 않아도 고정할 수 있게
되어 있다. 델의 소매나 기장은 추위를 막기 위해 길게 만들었으며, 이는 신체적 결함을 가리는 역할도 하였다.

■ 허리띠(бүс)

델을 입을 때는 허리띠를 반드시 갖춰 입어야 하며, 주로 비단으로 된 허리띠를 묶는다. 허리띠는 장식의 기능
뿐만 아니라 실용적인 기능도 갖추고 있는데, 말을 탈 때 장기가 흔들리는 것을 막아 줄 뿐만 아니라 유목 생활
에서 담요로 사용할 수도 있다.

■ 신발(гутал)

추위로부터 발을 보호하기 위해 주로 가축의 가죽을 이용하여 만들며, 신발
에 여러 무늬를 새겨 장식한다. 또, 앞발에 코를 높이는데 이는 말을 탈 때 발
걸이에 걸기 쉽도록 한 것이다.

▶ 신발

Эмч ээ, орж болох уу?

의사 선생님, 들어가도 됩니까?

주요 문법

- ~아/어도 된다 -ж/ч болох
- 연결어미 -аад⁴
- 2인칭 종결어미 -аарай⁴

Эмнэлэгт

Уянга
Эмч ээ, орж болох уу?
엠 체 어르지 벌러 호

Эмч
За. Ороорой. Та ямар хэргээр ирсэн бэ?
자 어러레이 타 야마르 헤르게르 이르승 베

Уянга
Халуураад бас толгой өвдөөд байна.
할로라드 바쓰 털거이 웁뚜드 바인

Би өчигдөр гадаа ажиллаад жаахан даарсан.
비 우칙두르 가따 아질라드 자항 다르승

Эмч
Халуунтай байна. Хоолой чинь өвдөж байна уу?
할롱타이 바인 헐러이 친 웁두찌 바이 노

Уянга
Тийм, хоолой бас өвдөж байна.
티임 헐러이 바스 웁두찌 바인

Эмч
Та ханиад хүрсэн байна. Эм бичиж өгье.
타 하니아드 후르승 바인 엠 비치찌 우기

Энэ эмийг хоол идэхийнхээ өмнө өдөрт гурван удаа
엔 에믹 헐 이데힝헤 우문 우두르뜨 고르왕 오따

уугаарай. Хүйтэн юм ууж болохгүй.
오가라이 후이틍 욤 오찌 벌러흐귀

Уянга
За, тэгье. Баярлалаа.
자 테기 바야를라

해석

병원에서

오양가	의사 선생님, 들어가도 됩니까?
의사	네, 들어오세요. 무슨 일로 오셨나요?
오양가	열이 나고 머리가 아픕니다. 어제 밖에서 일하다가 조금 추위에 떨었어요.
의사	열이 나시네요. 목도 아프세요?
오양가	네, 목도 아파요.
의사	감기에 걸리셨네요. 약을 처방해 드리겠습니다.
	이 약을 식전에 하루에 3번 드세요. 찬 것은 드시지 마시고요.
오양가	네, 감사합니다.

새 단어 및 표현

- болох 벌러흐 图 되다
- Орж болох уу? 들어가도 됩니까?
- хэрэг 헤렉 图 일, 사건
- халуурах 할로라흐 图 열이 나다
- толгой 털거이 图 머리
- өвдөх 웁두흐 图 아프다
- даарах 다라흐 图 춥다, 시리다

- халуун 할롱 图 뜨거운, 더운, 열이 있는
- хоолой 헐러이 图 목구멍
- ханиад хүрэх 하니아드 후레흐 감기에 걸리다
- эм 엠 图 약
- эм бичих 엠 비치흐 처방하다(약을 쓰다)
- удаа 오따 图 번(횟수)

문법

1 ~아/어도 된다 -ж/ч болох

-ж/ч болох는 허가를 나타내는 표현으로, 한국어의 '~아/어도 된다'는 의미이다.

> **참고** -ж/ч를 연결하는 방법은 현재진행형을 만들 때와 동일하다. [현재진행형은 7과 참고]

> Орж болох уу? 들어가도 됩니까?
>
> Сууж болох уу? 앉아도 됩니까?

이에 대한 답은 허가의 경우 -ж/ч болно, 불허의 경우 -ж/ч болохгүй를 사용한다.

> Сууж болно. 앉아도 됩니다.
>
> Энд сууж болохгүй. 여기에 앉으면 안 됩니다.
>
> Одоо гарч болохгүй. 지금 나가면 안 됩니다.
>
> Энд тамхи татаж болохгүй. 여기서 담배를 피우면 안 됩니다.

2 연결어미 -аад[4]

연결어미 -аад[4]는 동사 어간 뒤에 연결하여 두 문장을 연결하는 역할을 하며, 한 사건이 일어난 뒤 다음 사건이 이어짐을 나타낸다. 경우에 따라서는 한 사건의 원인과 결과를 나타내기도 한다. 한국어의 '~하고'의 의미이다.

	동사 원형	어간	연결형
-аад	дуусах 끝나다 уух 마시다	дуус- уу-	дуусаад 끝나고 уугаад[2] 마시고
-оод	сонсох 듣다 солих 바꾸다	сонс- соль-	сонсоод 듣고 солиод[1] 바꾸고
-ээд	үзэх 보다 хийх 하다	үз- хий-	үзээд 보고 хийгээд[2] 하고
-өөд	өгөх 주다	өг-	өгөөд 주고

① 어간이 ь로 끝날 경우 и로 바뀐다.
② 어간이 장모음 또는 이중모음으로 끝날 경우 г를 삽입한 뒤 -аад[4]를 붙인다.

Би өглөө босоод нүүрээ угаасан.　나는 아침에 일어나 세수를 하였다.

Хичээлээ хийгээд унтаарай.　공부하고 자라.

Солонго гэртээ хариад оройн хоол идсэн.

설렁거는 집에 가서 저녁을 먹었다.

Манай ээж шөнөжин халуураад ерөөсөө унтаагүй.

우리 어머니는 밤새 열이 나 거의 주무시지 못했다.

3 ‖ 2인칭 종결어미 -аарай[4]

동사 어간에 2인칭 종결어미 **-аарай**[4]를 연결하여 명령, 권유의 의미를 나타낸다.

Сайн яваарай.　빨리 가거라/가세요.

Хурдан ирээрэй.　빨리 와라/오세요.

Хурдан хийгээрэй.　빨리 해라/하세요.

Энэ хоолыг идээрэй.　이 밥을 먹어라/드세요.

금지첨사 **бүү/битгий**가 동사 앞에 오면 특정 행위의 수행을 금지하는 의미를 나타낸다.

Дахиж энд тамхи бүү татаарай.　다시는 여기서 담배 피우지 마라.

Архи битгий уугаарай.　술을 먹지 마라.

Үүнийг битгий оролдоорой.　이것을 만지지 마세요.

① 허락 묻고 답하기

> A: Дарга аа, амарч болох уу?
> 사장님, 쉬어도 되나요?
>
> B: Болно./ Болохгүй.
> 돼요./안 돼요.

□ '-ж/-ч болох' 표현을 통해 허락을 묻고 답할 수 있다.

| 동사 어간 | + | -ж/ч | + | болох уу? ~해도 됩니까? |

| 동사 어간 | + | -ж/ч | + | болно. ~해도 됩니다.
болохгүй. ~하면 안 됩니다. |

허락을 구하는 문장으로 말해
보세요.

①

(1)

тамхи татах
담배를 피우다

(2)

архи уух
술을 마시다

(3)

дуулах
노래하다

② 시간의 흐름에 따른 두 문장 연결하기

> Уянга боссон. Уянга нүүрээ угаасан.
> 오양가는 일어났다. 오양가는 세수했다.
>
> → Уянга босоод нүүрээ угаасан.
> 오양가는 일어나서 세수를 했다.

□ 두 문장을 -аад⁴로 연결해서 시간의 흐름에 따라 두 문장이 차례로 이루어짐
을 표현할 수 있다.

몽골어로 말해 보세요.

②

(1) 뭉흐는 식당에서 밥을 먹고
커피를 마셨다.

(2) 오양가는 도서관에서 공부를
하고 12시에 잠을 잤다.

(3) 체첵(Цэцэг)은 영화를 보고
집에 들어갔다.

❸ 명령하기

Хурдан ирээрэй. 빨리 오세요.

Энэ эмийг уугаарай. 이 약을 드세요.

Архи битгий уугаарай. 술 마시지 마세요.

Хүйтэн ус битгий уугаарай. 찬물 마시지 마세요.

☐ 동사 어간에 -аарай⁴를 붙여 명령의 의미를 나타낸다.

☐ 약(эм)을 '먹다'는 '마시다'라는 뜻의 동사 уух를 사용한다.

명령문으로 말해 보세요.

❸

(1) номоо нээх(책을 펴다)

(2) багшийг дуудах(선생님을 부르다)

(3) нэрээ бичих(이름을 쓰다)

❹ 아픈 부위 묻고 답하기

A: Хаана өвдөж байна вэ?

어디가 아프신가요?

B: Толгой өвдөж байна.

머리가 아파요.

☐ '신체 부위 + өвдөж байна'이라고 말하면 '~가 아픕니다'라는 의미이다.

☐ 신체 부위

몽골어로 말해 보세요.

❹

(1) 나는 허리가 아픕니다.

(2) 어디가 아프신가요? /
손이 아픕니다.

(3) 오양가는 어디가 아픈가요? /
머리가 아픕니다.

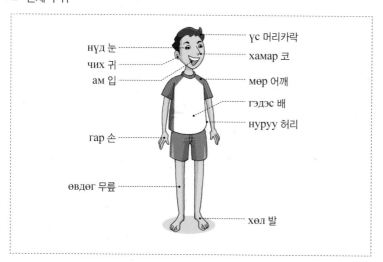

нүд 눈
чих 귀
ам 입
гар 손
өвдөг 무릎

үс 머리카락
хамар 코
мөр 어깨
гэдэс 배
нуруу 허리
хөл 발

연습문제

1 문장을 듣고 빈칸에 알맞은 단어를 〈보기〉에서 골라 쓰세요. 🎧 11-3

| 보기 | удаа   тамхи   энд   юм   даарсан   өвдөж

(1) _____ сууж болохгүй.

(2) Багш аа, _____ асууж болох уу?

(3) Энд _____ татаж болохгүй.

(4) Хаана _____ байна вэ?

(5) Энэ эмийг өдөрт гурван _____ уугаарай.

(6) Би өчигдөр гадаа ажиллаад жаахан _____.

2 다음 문장을 болох 동사를 활용하여 몽골어로 쓰세요.

(1) 들어가도 된다. (орох)   _____

(2) 앉아도 된다. (суух)   _____

(3) 나가면 안 된다. (гарах)   _____

(4) 뛰어다니면 안 된다. (гүйх)   _____

(5) 만나도 됩니까? (уулзах)   _____

(6) 영화를 봐도 됩니까? (кино үзэх) _____

3 2인칭 종결어미 -аарай⁴를 연결하여 문장을 만드세요.

> | 보기 |
> явах → <u>Яваарай.</u>

(1) ирэх _____ (2) очих _____

(3) унтах _____ (4) идэх _____

(5) ярих _____ (6) асуух _____

(7) суух _____ (8) өгөх _____

(9) орох _____ (10) гарах _____

(11) хийх _____ (12) өмсөх _____

4 괄호 안의 단어를 -аад⁴ 형태로 바꾸어 빈칸을 채우세요.

(1) Би Солонгост _____ 3 жил болсон. (ирэх)

(2) Миний дүү Солонгос _____ нилээд хонож байна. (явах)

(3) Манай ажил _____ их удаагүй. (орох)

(4) Амралт _____ 2 сар боллоо. (эхлэх)

(5) Би монгол хэл _____ хэдэн сар өнгөрчээ. (сурах)

(6) Хүүхдүүд _____ Билгүүн үлдлээ. (явах)

몽골 아이들의 배냇머리 깎기 풍습

몽골에서는 예부터 어린 아이들의 배냇머리(태어난 뒤 한 번도 깎지 않은 머리털, сэвлэг 또는 даахь라고 함)를 깎아 주는 풍습이 있으며 현대까지 이어져 오고 있다. 남자 아이는 홀수 나이(3살이나 5살)에, 여자 아이는 짝수 나이(2살이나 4살, 혹은 6살)에 배냇머리를 자르는데, 그 이유는 '홀수는 양, 짝수는 음'을 상징하는 믿음에서 비롯되었다.

▶ 배냇머리를 깎은 아이

배냇머리는 아무 날에나 깎는 것이 아니라 길한 날을 정한다. 이때 가족과 가까운 친척들을 초대하여 잔치를 열며, 음식과 유제품을 준비하여 참석한 사람들이 맛본다.

잔치에 참석한 사람들은 손잡이에 하닥(비단천, хадаг)을 묶은 가위로 차례대로 아이의 머리카락을 자른다. 머리카락을 자르면서 "장수하고 오래 행복하여라(Урт наслаж удаан жаргаарай)" 등의 축하의 말을 해 주고 아이에게 선물을 주는 풍습이 있다. 참석한 모든 사람들이 머리카락을 자른 뒤에, 부모가 아이의 남은 머리카락을 자른다. 그러나 아이의 뒤통수 양쪽에 달린 머리카락인 '뿔 털(эвэр үс)' 또는 아이 이마의 머리는 남겨 두는데, 이는 아이를 보호하고 복을 비는 행위에서 비롯된 것이다. 자른 머리카락은 하닥에 싸서 보관한다.

Сайхан хооллоорой.

맛있게 드세요.

주요 문법

• 제안하기 • 형동사 어미 • 공동격 어미 -тай³ (2) • 인칭대명사의 공동격

Гуанзанд

Хёнү	Өнөө орой Солонготой хамт гурвуулаа хоол идэх үү? 우누 　어러이 　설렁거테이 　　　함트 　고르올라 　　헐 　이데 　후
Уянга	Тэгье. Юу идэх вэ? 테기 　요 　이데흐 　웨
Хёнү	Номын сангийн хажууд дажгүй хоолны газар байдаг. 너밍 　상깅 　하쪼드 　다쯔구이 　헐니 　가자르 　바이닥
	Уржигдар ээжтэйгээ хамт хоол идсэн. Тийшээ явъя. 오르직다르 　에지테게 　함트 　헐 　이드승 　티세 　아워

Уянга	Үйлчлэгч ээ. Хоол захиалъя. 우일츠렉체 　헐 　자히알리
Үйлчлэгч	За, та нар юу авах вэ? 자 　타 　나르 　요 　아와흐 　웨
Уянга	4 хуушуур, 1 цуйван, 1 үхрийн махтай хуурга захиалъя. 두르웅 호쇼르 　넥 초이왕 　넥 우흐링 　마흐타이 　호락 　자히알리
Үйлчлэгч	Уух юм юу авах вэ? 오흐 　욤 　요 　아와흐 　웨
Уянга	1 аяга сүүтэй цай, 1 шилтэй кола авъя. 넥 아약 　수태 　채 　넥 실테 　컬라 　아워
Үйлчлэгч	Энэ та нарын хоол. Сайхан хооллоорой. 엔 　타 　나링 　헐 　새항 　헐러러이

해석

식당에서

현우   오늘 저녁에 설렁거와 같이 셋이서 밥 먹을까?

오양가   좋아. 무엇을 먹을까?

현우   도서관 옆에 괜찮은 식당이 있어.

           그저께 어머니와 같이 식사했어. 거기 가자.

오양가   저기요. 주문할게요.

종업원   네, 무엇을 주문하실 건가요?

오양가   호쇼르 4개, 초이왕 1개, 소고기 볶음 1개 주세요.

종업원   마실 것은 무엇을 드릴까요?

오양가   수태차 1잔과 콜라 1병 주세요.

종업원   음식 나왔습니다. 맛있게 드세요.

새 단어 및 표현

- **дажгүй** 다쯔귀 형 괜찮다
- **хоолны газар** 헐니 가자르 명 식당
  (유의어 гуанз, цайны газар)
- **үйлчлэгч** 우일츠렉치 명 종업원 (유의어 зөөгч)

- **захиалах** 자히알라흐 통 주문하다
- **аяга** 아약 명 컵, 잔
- **шил** 실 명 유리, 병
- **шилтэй кола** 병에 든 콜라

문법

1 제안하기

① 미래형 의문문 표현인 '-x уу²?'는 제안하는 의미로도 사용할 수 있다.

> A: Маргааш хаашаа явах уу? 우리 내일 어디 갈까?
>
> B: Маргааш дэлгүүр явъя. 내일 마트에 가요.
>
> A: Монголд цуг морь унах уу? 몽골에서 같이 말을 탈까?
>
> B: Тэгье. Хамт морь уная. 그래. 같이 말을 타자.
>
> A: Энэ номыг ширээн дээр тавих уу? 이 책을 책상 위에 둘까요?
>
> B: Тэг, ширээн дээр тавиарай. 네. 책상 위에 두세요.

② 미래형 부정 표현 -хгүй에 의문첨사 юу²를 붙이면 '~하지 않으실래요?'라는 의미를 나타내며, 정중한 요청을 나타낼 때 사용한다. 이때 주어는 주로 생략된다.

> Маргааш манайд ирэхгүй юу? 내일 우리 집에 오지 않으실래요?
>
> Үүнийг нэмж өгөхгүй юу? 이것을 좀 더 주시지 않으시겠어요?
>
> Бидэнтэй хамт явахгүй юу? 우리와 함께 가지 않으실래요?

2 형동사 어미

동사 어간에 붙어 형용사와 같이 명사를 수식하는 기능을 한다. 형용사의 역할을 하는 어미에는 -x, -сан⁴, -даг⁴, -маар⁴, -aa⁴가 있다.

-x	~할(미래)	явах хүн 갈 사람, ИДЭХ ЮМ 먹을 것
-сан⁴	~한(과거)	явсан хүн 간 사람, ИДСЭН ЮМ 먹은 것
-даг⁴	~한(현재 반복)	явдаг хүн 가는 사람, ИДДЭГ ЮМ 먹는 것
-маар⁴	~하고 싶은(원망)	явмаар газар 가고 싶은 곳, ИДМЭЭР ЮМ 먹고 싶은 것
-aa⁴	~하고 있는(현재 진행)	яваа хүн 가고 있는 사람, ИДЭЭ ЮМ 먹고 있는 것

> Надтай хамт явах хүн байна уу? 저와 함께 갈 사람이 있나요?
>
> Өөр идмээр юм байна уу? 다른 먹고 싶은 것이 있나요?

3 공동격 어미 -тай³(2)

공동격 어미 -тай³는 앞에서 배운 '소유'의 의미 외에 '–와/과'라는 의미로 사용할 수 있다. 'хамт/цуг'(같이/함께)라는 단어와 함께 많이 사용한다. 　형태에 관한 내용은 5과 참고

> Би даргатай хамт хуралд явна.　나는 사장님과 회의에 참석한다.
>
> Би аавтайгаа хамт явна.　나는 아버지와 같이 간다.
>
> Ахлах сургуулийн багштайгаа уулзсан.　고등학교 선생님과 만났어요
>
> Өчигдөр ээжтэйгээ хамт дэлгүүр явсан.　어제 엄마와 같이 쇼핑을 했다.
>
> Ах хүүтэйгээ хамт ирлээ.　형이 아들과 같이 왔다.

4 인칭대명사의 공동격

	단수	복수
1인칭	надтай 나드타이 나와	биднэтэй/бид нартай 비드네테이/비드나릉테이 우리와
2인칭	чамтай 참타이 너와	та нартай 타 나르태이 너희들과/당신들과
	тантай 탄타이 당신과	
3인칭	үүнтэй/энэнтэй 운테이/엔테이 이 사람과	эдэнтэй/эд нартай 에드테이/에드 나르테이 이들과
	түүнтэй/тэрэнтэй 툰테이/테릉테이 그 사람과	тэдэнтэй/тэд нартай 테등테이/테드 나르테이 그들과

> Надтай хамт явах уу?　저와 함께 갈 겁니까?
>
> Бидэнтэй хамт явъя.　우리와 함께 가자.
>
> Энэ ажлыг чамтай хамт хийх болно.　이 일을 너와 함께 할게.
>
> Энд тантай хамт байх болно.　여기서 당신과 함께 있겠습니다.

핵심표현

❶ 공동격 어미를 활용하여 묻고 답하기

A: Та хэнтэй уулзсан бэ?
당신은 누구와 만났나요?

B: Мөнхтэй уулзсан.
뭉흐와 만났어요.

A: Та хэнтэй хамт явах вэ?
당신은 누구와 함께 갈 건가요?

B: Бат, Солонго хоёртой хамт явна.
바트, 설렁거와(바트, 설렁거 둘과 함께) 갈 거예요.

A: Цэцэг хэнтэй ярьж байна вэ?
체첵은 누구와 이야기하고 있나요?

B: Багштайгаа ярьж байна.
선생님과 이야기하고 있어요.

□ 두 명 이상을 언급할 경우 사람 이름 뒤에 хоёр, гурав처럼 몇 명임을 명시해 주어야 한다.

   Бат, Солонго хоёр хөдөө явсан.
   바트와 설렁거는(바트, 설렁거 둘은) 시골에 갔다.

□ 나를 포함할 경우 맨 마지막에 бид를 쓴다.

   Мөнх бид хоёр орос хэл сурч байна.
   뭉흐와 나는(뭉흐와 나 둘은) 러시아어를 배우고 있다.

몽골어로 말해 보세요.

❶
(1) 당신은 누구와 만났나요? /
   우리 어머니와 만났어요.

(2) 선생님은 누구와 이야기하고
   있나요? / 당신의 어머니와
   이야기하고 있어요.

(3) 바트는 누구와 같이 가나요? /
   체첵, 뭉흐, 저 셋이서 같이 가요.

❷ 식당에서 사용할 수 있는 표현

Цэсээ өгөхгүй юу?	메뉴판을 보여주시겠어요?
Та юу захиалах вэ?	무엇을 주문하시겠습니까?
Цуйван захиалъя.	초이왕 주문할게요.
Уух юм юу авах вэ?	무엇을 마시겠습니까?
Аяга ус авъя.	물 한 잔 주세요.
Тооцоогоо хийе.	계산할게요.

몽골어로 말해 보세요.

❷

(1) 여기 앉아도 되나요? /
    메뉴판 주시겠어요?

(2) 소고기 볶음과 4개의 보쯔 주세요.

(3) 마실 것은 무엇을 드릴까요? /
    콜라 하나, 물 하나 주세요.

□ 몽골 음식

будаатай хуурга
볶음밥

цуйван
초이왕

бууз
보쯔

хуушуур
호쇼르

махтай хуурга
고기 볶음
(хонины/үхрийн/
гахайн мах
양/소/돼지 고기)

салат
샐러드

□ 음료

 цай 차

ус 물

 кола 콜라

 жүүс 주스

음식 이름	+	авъя захиалъя	(~을 주문할게요)

연습문제

1 문장을 듣고 빈칸에 알맞은 단어를 〈보기〉에서 골라 쓰세요. 🎧 12-3

| 보기 | дэлгүүр   морь   маргааш   гэрт   кино   хаашаа

(1) Маргааш бид _____ явах уу?

(2) Маргааш цуг _____ унах уу?

(3) Бүгдээрээ _____ үзэх үү?

(4) Бид _____ юу хийх үү?

(5) Маргааш _____ явъя.

(6) Танай _____ оръё.

2 괄호 안의 명사에 공동격 어미 -тай³를 연결하여 빈칸을 채우세요.

(1) Би _____ хөдөө явна. (аав)

(2) Ах _____ хамт ирлээ. (хүү)

(3) Уянга _____ Солонгост танилцсан. (нөхөр)

(4) Би _____ хуралд явна. (дарга)

(5) Бид _____ хамт кино үзсэн. (хүүхдүүд)

(6) Бид олон _____ хамт байлаа. (хүн)

3 괄호 안의 단어를 문맥에 맞게 올바른 형동사 어미를 연결하여 빈칸에 쓰세요.

(1) Надтай хамт маргааш дэлгүүр луу _____ хүн байна уу? (явах)

(2) Түүний _____ компани маш том. (ажиллах)

(3) _____ юм юу авах вэ? (уух)

(4) Батын _____ номыг би ч бас авмаар байна. (авах)

(5) Японоос _____ хүний цүнх энд байна. (ирэх)

(6) Мөнхөд _____ ном нх сонирхолтой. (байх)

4 다음 문장을 몽골어로 쓰세요.

(1) 저와 같이 저녁 먹을래요?

_____

(2) 학교 옆에 괜찮은 한국 식당이 있다.

_____

(3) 내일 같이 가게 갈까?

_____

(4) 무엇을 주문하실 건가요?

_____

(5) 저는 선생님과 만났어요.

_____

(6) 볶음밥 하나, 칼국수 하나, 수태차 두 개 주문할게요.

_____

✠ 몽골의 과일 ✠

몽골은 고위도에 위치한 내륙국가이며 전 국토의 절반 이상이 초원지대이기 때문에 과일을 섭취하기가 어려우며, 주로 중국이나 러시아에서 수입한다. 그러나 여러 산 열매들이 많이 자라며 이를 통해 부족한 비타민을 섭취하기도 하고, 치료 목적으로도 이용해 왔다.

■ 차차르간(чацаргана)

차차르간은 몽골 서부 지역에서 주로 자라는 주황색의 열매로 한국에서는 비타민 열매로 잘 알려져 있다. 차차르간 나무는 4-5월에 개화하여 8-9월에 열매를 맺는다. 차차르간은 비타민 C, B1, B2, B6, B9, P, K, E, 카로틴 등 몸에 좋은 성분이 많이 들어있다. 그래서 몽골에서는 예부터 질병 완화, 면역력 강화, 혈액순환 개선을 위해 차차르간 열매를 먹었다고 한다.

▶ 차차르간

차차르간은 그냥 먹으면 신맛이 매우 강해 주스로 많이 만들어 먹으며 몽골 상점에서 쉽게 구매할 수 있다. 또 차차르간을 크림으로 만들어 여러 상처 부위에 바르기도 한다. 몽골 우주 여행사가 우주로 여행할 때 차차르간 크림을 가지고 갔다는 이야기도 있다.

■ 월귤(аньс)

월귤 열매는 주로 몽골 중부에 위치한 항가이 지역에서 자라며, 4-10mm 크기의 작고 붉은 빛을 띄는 열매이다. 열매는 주로 8월에 달리며 신맛이 강하다. 열매에는 특히 비타민 C가 풍부한 것으로 알려져 있으며 잎사귀에 벤조인산 성분이 있어 장기간 보관이 가능하다.

열매는 주로 주스 형태로 많이 마시며 농축액을 차와 같이 마시면 건강에 좋다고 한다. 또 갈증을 해소하고 몸에 열이 날 때 마시면 열을 낮춰주는 효과가 있다고 한다.

▶ 월귤 열매

Би Монголд ажиллахаар ирсэн.

저는 몽골에 일하러 왔어요.

주요 문법

• 목적 연결어미 -xaap[4]   • 도구격 어미 -aap[4]   • 인칭대명사의 도구격

Мэргэжил

Мишээл Минху, чи Монголд яах гэж ирсэн бэ?
민호   치 멍걸드   야흐 게찌 이르승 베

Минху Би Монголд ажиллахаар ирсэн.
비 멍걸드   아질라하르   이르승

Мишээл Монголд ирээд хэр удсан бэ?
멍걸드   이레드   헤르 오드승   베

Минху Ирээд нэг жил орчим болж байна.
이레드   넥 질   어르침   벌찌   바인

Мишээл Ямар ажил хийдэг вэ?
야마르   아질   히덱   웨

Минху Би барилгын компанид инженерээр ажилладаг.
비   바릴깅   컴판드   인제네레르   아질딱

Мишээл Чи ажилдаа юугаар явдаг вэ? Танай ажил хол байдаг уу?
치   아질다   요가르   얍딱   웨   타나이   아질   헐   바이딱   오

Минху Автобусаар 1 цаг орчим явдаг.
압토보사르   넥 착   어르침   얍딱

Харин чи ямар ажил хийдэг вэ?
하링   치 야마르   아질   히떽   웨

Мишээл Би банканд менежерээр ажилладаг.
비   방칸드   메니제레르   아질딱

해석

직업

미셸	민호, 몽골에 무엇을 하러 왔어?
민호	난 몽골에 일하러 왔어.
미셸	몽골에 온 지 얼마나 오래됐어?
민호	온 지 1년 정도 됐어.
미셸	어떤 일을 해?
민호	건축회사에서 엔지니어로 일하고 있어.
미셸	넌 회사에 어떻게 가니? 너희 회사는 멀리 있어?
민호	버스로 1시간 정도 가. 너는 무슨 일을 하니?
미셸	나는 은행에서 매니저로 일해.

새 단어 및 표현

- хэр 헤르 **부** 얼마나
- удах 오다흐 **동** 오래되다
- хэр удаж 얼마나 오래
- орчим 어르침 **부** 가량
- барилга 바릴락 **명** 건축

- хол 헐 **형** 먼 (**반의어** ойрхон)
- автобус 압토보스 **명** 버스
- банк 방크 **명** 은행
- менежер 메니제르 **명** 매니저

문법

1 목적 연결어미 -хаар[4]

목적 연결어미 -хаар[4]는 동사 어간 뒤에 붙어 '~하려고'라는 의미를 나타내며, 뒤에 오는 동사 행위의 목적을 나타낸다.

-хаар	сурах 배우다	сурахаар 배우러
-хоор	тоглох 놀다	тоглохоор 놀러
-хээр	үзэх 보다	үзэхээр 보러
-хөөр	өгөх 주다	өгөхөөр 주러

Би солонгос хэл сурахаар Сөүлд ирсэн. 나는 한국어를 배우러 서울에 왔다.

Бат хөл бөмбөг тоглохоор гадаа гарсан. 바트는 축구하러 밖에 나갔다.

Хүүхдүүд кино үзэхээр явсан. 아이들이 영화를 보러 갔다.

Солонго шалгалтаа өгөхөөр ирсэн. 설렁거는 시험을 보러 왔다.

2 도구격 어미 -аар[4]

도구격 어미 -аар[4]는 어떤 행위의 도구나 수단, 방법을 나타낸다.

-аар	мах 고기 салхи 바람	махаар 고기로 салхиар[1] 바람으로
-оор	торго 비단 морь 말	торгоор 비단으로 мориор[2] 말로
-ээр	сүүл 꼬리, 끝	сүүлээр 꼬리로, (월, 연 등의) 말에
-өөр	мөнгө 돈	мөнгөөр[3] 돈으로

① и로 끝나는 단어의 경우 и를 삭제하지 않고 -иар[4] 형태로 연결한다.
② ь로 끝나는 단어의 경우 ь를 и로 바꾼 뒤 도구격 어미를 연결한다.
③ 단모음으로 끝나는 단어의 경우 마지막 모음을 삭제하고 도구격 어미를 연결한다.

참고 장모음, 이중모음으로 끝나는 단어나, 숨은 -г가 있는 단어의 경우 -гаар[4] 형태로 연결한다.

харандаа 연필 → харандаагаар 연필로   сүү 우유 → сүүгээр 우유로

чулуу 돌 → чулуугаар 돌로   хувин 양동이 → хувингаар 양동이로

도구격 어미는 여러 가지 용법으로 사용된다.

① 재료

Өчигдөр бид махаар бууз хийсэн. 어제 우리는 고기로 보쯔를 만들었다.

Монгол айргийг гүүний сүүгээр хийдэг. 몽골 마유주를 말 젖으로 만든다.

② 도구/수단

Би энд автобусаар ирлээ. 나는 여기에 버스로 왔다.

Хүүхдүүд урхиар хулгана барьсан. 아이들이 덫으로 쥐를 잡았다.

③ 시간적 범위

Энэ жилийн сүүлээр Монгол руу явна. 올해 말에 몽골에 간다.

Чи зуны амралтаараа юу хийх вэ? 너는 여름 방학에 무엇을 할 거니?

3 인칭대명사의 도구격

	단수	복수
1인칭	надаар 나다르 나/저로 하여금	биднээр/бид нараар 비드네르/비드 나라르 우리들로 하여금
2인칭	чамаар 차마르 너로 하여금	та нараар 타 나라르 여러분으로 하여금
	танаар 타나르 당신으로 하여금	
3인칭	үүгээр/энүүгээр 우게르/에누게르 이것으로 하여금, 이 사람으로 하여금	эднээр/эд нараар 에드네르/에드 나라르 이들로 하여금
	түүгээр/тэрүүгээр 투게르/테루게르 그것으로 하여금, 그 사람으로 하여금	тэднээр/тэд нараар 테드네르/테드 나라르 그들로 하여금

Чамаар сонин юу байна? 너로 하여금(너에게) 별일 있니?

Энүүгээр ширээ арч. 이것으로 테이블을 닦아라.

핵심표현

13-2

① 도구격을 사용하여 말하기

> A: Та Монгол руу юугаар явах вэ?
> 당신은 몽골로(몽골에) 무엇으로 갈 건가요?
>
> B: Онгоцоор.
> 비행기로요.

□ '~ 교통수단을 이용한다'라는 표현은 도구격을 사용한다.

> Машинаар явсан. 자동차로 갔다.
> Та таксигаар ирсэн үү? 택시로 오셨나요?

□ 교통수단

 машин 자동차

 дугуй 자전거

 галт тэрэг 기차

 такси 택시

 автобус 버스

 онгоц 비행기

> A: Та энэ хоолыг юугаар хийсэн бэ?
> 당신은 이 음식을 무엇으로 만들었나요?
>
> B: Хонины махаар хийсэн.
> 양고기로 만들었어요.

□ 동사 хийх는 여러 가지 의미로 사용된다.

① 만들다: хоол хийх 음식을 만들다
② 넣다: үүнийг цүхэн дотор хийх 이것을 가방 안에 넣다
③ 하다: хичээл хийх 공부를 하다

몽골어로 말해 보세요.

①-1

(1) 당신은 몽골로 무엇으로 갈 건가요? / 비행기로 갈 거예요.

(2) 너는 여기에 무엇으로 왔니? / 택시로 왔어.

(3) 가게에 자동차로 갈 거야, 버스로 갈 거야? / 버스로 갈 거야.

도구격을 사용하여 말해 보세요.
(시제는 변형 가능)

①-2

(1)
포크, 먹다

(2)
연필, 그리다

(3)
볼펜, 서명하다 (гарын үсэг зурах)

② 탈격을 사용하여 말하기

A: Та энэ номыг хэнээс авсан бэ?
당신은 이 책을 누구에게서 받았나요?

B: Найзаасаа авсан.
친구에게서 받았어요.

A: Та хэдэн цагаас завтай вэ?
당신은 몇 시부터 시간이 있나요?

B: Орой 7 цагаас.
저녁 7시부터요.

A: Та хөдөөнөөс хэзээ ирсэн бэ?
당신은 시골에서 언제 왔나요?

B: Өчигдөр ирсэн.
어제 왔어요.

☐ 장소나 시간의 시작점을 나타낼 때 탈격을 사용한다.

A: Та нохойноос айдаг уу?
당신은 개를 무서워하나요?

B: Тийм ээ. Нохойноос айдаг.
네. 개를 무서워해요.

A: Чи хэнээс асуусан бэ?
누구에게 물어보았나요?

B: Аваасаа асуусан.
아버지에게 물어보았어요.

☐ айх(무서워하다), асуух(묻다) 동사는 탈격과 함께 쓰인다.

-аас⁴ + айх / асуух

몽골어로 말해 보세요.

②-1

(1) 이 티켓(билет)을 어디에서 샀나요? / 극장(кино театр)에서요.

(2) 박물관은 몇 시부터 여나요 (онгойх)? / 아침 9시부터요.

(3) 당신은 한국에서 언제 올 건가요? / 다음 달에요.

②-2

(1) 저는 고양이(муур)를 무서워해요.

(2) 이 문제(асуулт)를 선생님에게 물어보았다.

(3) 바트는 무엇을 무서워하나요? / 뭉흐에게 물어보세요.

연습문제

1 문장을 듣고 빈칸에 알맞은 단어를 〈보기〉에서 골라 쓰세요.   🎧 13-3

| 보기 |
| аавахаар | менежерээр | үзэхээр |
| юугаар | сурахаар | автобусаар |

(1) Та ажилдаа _____ явдаг вэ?

(2) Чи энд _____ ирсэн үү?

(3) Би банканд _____ ажилладаг.

(4) Би солонгос хэл _____ Сөүлд ирсэн.

(5) Бат талх _____ дэлгүүр явсан.

(6) Хүүхдүүд кино _____ явсан.

2 다음을 도구격 어미 -аар⁴를 연결하여 쓰세요.

| 보기 |
| цаас / хийх → Цаасаар хийлээ. |

(1) автобус / ирэх → _____

(2) харандаа / зурах → _____

(3) морь / явах → _____

(4) мах / хийх → _____

(5) мод / хийх → _____

(6) оны сүүл / явах → _____

3 다음 단어들을 활용하여 완전한 문장을 만드세요.

(1) Би, энэ бууз, хонины мах, хийх

_____

(2) Та, Москва, руу, галт тэрэг, явах, уу

_____

(3) Энэ захиа, харандаа, бичих

_____

(4) Гар, битгий, хйих

_____

(5) Ээжтэйгээ, утас, ярих

_____

4 다음 문장을 몽골어로 쓰세요.

(1) 바트는 선생님에게서 무엇을 물어봤니?

_____

(2) 이 셔츠를 백화점에서 샀다.

_____

(3) 우리 학교는 병원에서 멀다.

_____

(4) 박물관은 아침 9시부터 연다.

_____

(5) 이 음식을 양고기로 만들었나요?

_____

❈ 몽골의 교통수단 ❈

▶ 기차

■ 기차(галт тэрэг)

몽골의 철도는 러시아 국경에 위치한 수흐바타르(Сүхбаатар)-몽골 수도 울란바토르-중국 국경에 위치한 자밍 우드(Замын үүд)를 연결하는 종단 노선을 중심으로 운영된다. 다양한 등급의 객실을 운영하고 있으며, 장거리 노선의 경우 침대칸도 운영하고 있다.

승객 수송보다는 천연 자원등의 화물을 수송하는 경우가 많고, 철도 노선도 광산을 중심으로 연결되어 있다.

▶ 트롤리버스

■ 트롤리버스(троллейбус)

울란바토르 시내 중심가, 특히 평화의 거리를 중심으로 트롤리버스(전기버스)가 운영된다. 일반 시내버스보다 가격이 저렴하다.

▶ 버스

■ 버스(автобус)

울란바토르 시내에는 다양한 노선의 버스가 운영되고 있다. 한국의 교통카드처럼 몽골에서도 U-money라는 카드를 구입하여 승차해야 한다.

또 수도와 아이막 주도 간을 오가는 시외버스도 운영되고 있으나, 오가는 횟수가 많지 않아 외국인이 이용하기에는 조금 어렵다.

▶ 푸르공

■ 미니밴, 푸르공

시골 지역에서는 장거리 및 단거리를 이동할 때 미니밴을 이용한다. 몽골에는 도로 사정이 열악한 곳이 많기 때문에 유용한 교통수단이다.

■ 택시(такси)

울란바토르와 큰 도시에서 운행되며 정식 택시 이외에도 일반 차량이 택시의 역할을 하는 경우가 많다. 2023년 기준 보통 1km 당 2천 투그릭으로 계산하여 요금을 지불한다.

교통수단과 관련된 표현

● **чигээрээ явах** 직진하다
● **зүүн тийшээ эргэх** 좌회전하다
● **баруун тийшээ эргэх** 우회전하다
● **Би энд бууя.** 여기서 내릴게요.
● **Хэдийг төлөх вэ?** 요금은 얼마죠?
● **Энэ автобус хотын төв орох уу?** 이 버스는 시내로 갑니까?
● **3, 4-р хорооллын автобус хаанаас явдаг вэ?** 3, 4구역에 가는 버스가 어디서 출발하죠?
● **Хэдэн цаг явах вэ?** 몇 시간을 가야 하죠?

Завтай бол кино үзэх үү?

시간 있으면 영화 볼까?

주요 문법

- 조건 연결어미 -вал[4]
- 대등 연결어미 -ж/ч
- 2인칭 종결어미 -аач[4]

Амралтын өдөр

Уянга   Хёнү, чи энэ долоо хоногийн сүүлээр завтай бол кино
현우   치 엔 덜러   허너깅   술래르   자우테이 벌 키너

үзэх үү?
우제   후

Хёнү   Энэ долоо хоногийн сүүлээр завгүй.
엔 덜러   허너깅   술레르   자우귀

Хагас сайнд найзтайгаа хамт салхинд гарч, бүтэн сайнд
하가스   사인드   내즈태가   함트   살힌드   가르치   부텡   사인드

цэвэрлэгээ хийнэ.
체웨르레게   힌

Уянга   Аан, тийм үү? Гэхдээ чи одоо хаашаа явж байна вэ?
앙 티 무   게흐데   치 어더 하샤   얍찌 바인 웨

Би одоо зах явж, салхинд гарах бэлтгэлээ хийнэ.
비 어더 자흐 얍찌   살힌드   가라흐   벨트겔레   힌

Чи зах явбал суугаад яваач.
치 자흐 얍빨   소가드   야와치

Хёнү   Тэгье. Чи оройн хоол идээгүй бол хамт хоол идье.
테기   치 어러잉 헐   이데귀   벌 함트 헐   이띠예

Би авч өгнө.
비 압치 우군

해석

주말

오양가 현우야, 이번 주말에 시간 있으면 영화 볼까?

현우 이번 주말에 바빠.

토요일에 친구와 함께 산책 가고, 일요일에 청소를 할 거야.

오양가 아, 그래? 그런데 너 어디 가?

나는 지금 시장에 가서, 나들이 준비할 거야.

너도 시장에 가면 타고 가.

현우 그래. 저녁 안 먹었으면 같이 저녁 먹자.

내가 살게.

새 단어 및 표현

- салхинд гарах 살힌드 가라흐 산책하다, 나들이 가다
- гэхдээ 게흐데 웹 그런데
- зах 자흐 명 시장
- бэлтгэл 벨트겔 명 준비
- бэлтгэл хийх 준비하다

문법

1 조건 연결어미 -вал[4]

조건 연결어미 -вал[4]는 동사 어간에 결합하여 '–(으)면'이란 가정의 의미를 나타낸다. 동사 어간에 따라 -вал[4], -бал[4], 접속사 бол를 사용하기도 한다.

① -вал[4]
동사 어간이 -в, -л, -м 이외의 자음으로 끝나는 경우에 붙인다.

> Зав гар**вал** өнөөдөр зах явмаар байна. 시간이 나면 오늘 시장에 가고 싶다.

> Маргааш дулаан бай**вал** бид аялалаар явна. 내일 따뜻하면 우리는 여행을 간다.

> Ажлаа эрт дуус**вал** ирж туслаарай. 일이 일찍 끝나면 와서 도와주세요.

② -бал[4]
동사 어간이 -в, -л, -м로 끝나는 경우에 붙인다.

> Таныг яв**бал** би хамт явмаар байна. 당신이 간다면 나도 함께 가고 싶다.

> Чамайг тусал**бал** би баярлах болно. 네가 도와주면 고마울 거야.

> Би ирэхээр бол**бол** утсаар яръя. 내가 오게 되면 전화할게.

③ бол
형용사 및 동사의 과거 시제(-сан[4])와 현재 반복 시제(-даг[4]) 뒤에 붙인다.

> Дуртай **бол** авч болно. 좋아하면 가져도 돼.

> Хямдхан **бол** заавал аваарай. 싸면 꼭 사.

> Өчигдөр орой архи уусан **бол** энэ эмийг битгий уугаарай.
> 어제 저녁에 술을 마셨으면 이 약을 드시지 마세요.

동사의 부정 형태(-гүй) 뒤에는 бол을 붙인다.

> Таныг явахгүй **бол** би явъя. 당신이 가지 않으면 내가 가겠습니다.

> Билгүүн ээ, чи энэ номыг уншаагүй **бол** уншаарай.
> 빌궁아, 이 책을 읽지 않았으면 읽어라.

주절과 종속절의 주어가 다를 경우 종속절의 주어는 대격(-ыг[2])의 형태로 쓴다.

> Чи ирвэл надад хэлээрэй. 네가 오면 나한테 이야기해라. (주절과 종속절의 주어가 같은 경우)

> Ахыг ирвэл чи надад хэлээрэй.
> 형이 오면 나한테 이야기해라. (주절과 종속절의 주어가 다른 경우)

2 대등 연결어미 -ж/ч

대등 연결어미 -ж/ч는 동사 어간에 연결하여 두 문장을 연결한다.

1) 대등한 두 문장의 연결

Ах ном уншсан. Эгч телевиз үзсэн.

→ Ах ном уншиж, эгч телевиз үзсэн.

형은 책을 읽고 언니는 텔레비전을 봤다.

Өнөөдөр дүү хичээлээ хийлээ. Өнөөдөр би гэрээ цэвэрлэлээ.

→ Өнөөдөр дүү хичээлээ хийж, би гэрээ цэвэрлэлээ.

오늘 동생은 공부를 하고 나는 청소를 했다.

2) 행위의 순차적인 순서

Гэрээ цэвэрлэсэн. Хувцсаа угаасан.

→ Гэрээ цэвэрлэж хувцсаа угаасан.   집 청소를 하고 빨래를 했다.

Бороо зогслоо. Нар гарлаа.

→ Бороо зогсож нар гарлаа.   비가 멈추고, 해가 났다.

3 2인칭 종결어미 -аач⁴

동사 어간에 종결어미 -аач⁴를 연결하면 주로 요구나 지시의 의미를 나타내며 직접명령문에 비하여 부드러운 요구의 의미를 나타낸다.

참고 동사 어간만 말할 경우 직접명령문이 된다.   예 Яв. (가.), Сонс. (들어.), Ид. (먹어.)

Энэ улаан өнгийн цамцыг үзүүлээч.   이 빨간색 셔츠를 보여 주세요.

Хурдан яваач.   어서 좀 가.

'동사 어간 + -аад⁴ өгөөч'는 '~해 주세요'라는 의미로 사용한다.

Та надад туслаад өгөөч.   저 좀 도와 주세요.

Үүнийг түр бариад өгөөч.   이것 좀 들어 주세요.

핵심표현

① 조건 표현하기

> A: Чи маргааш завтай бол манайд ирээч.
>
> 내일 시간 있으면 우리 집에 오세요.
>
> B: За, тэгье.
>
> 네, 그래요.

☐ 동사 어간에 -бал⁴, -бол⁴, бол을 붙여 조건의 의미를 나타낼 수 있다.

☐ '만약'(хэрвээ, хэрэв)을 문장 앞에 붙일 수도 있다.

> Хэрвээ чи маргааш завтай бол манайд ирээч.
>
> 만약 내일 시간 있으면 우리 집에 와.

몽골어로 말해 보세요.

①-1

(1) 감기에 걸렸으면(ханиад хүрэх) 따뜻한 물을 마셔라.

(2) 추우면(даарах) 따뜻한(дулаан) 옷을 입으세요.

(3) 배고프면(өлсөх) 이 음식을 드세요.

> A: Та нарыг Дархан явбал би хамт явж болох уу?
>
> 여러분이 다르항에 가면 저도 같이 갈 수 있을까요?
>
> B: Бололгүй яахав.
>
> 되고 말고요.

☐ Бололгүй яахав은 '되고 말고요'라는 의미로 구어체에서 많이 사용한다.

①-2

(1) 오양가가 박물관(музей)에 간다면 저도 같이 갈게요.

(2) 당신이 제시간(цагтаа)에 오지 않는다면 저는 기다리지(хүлээх) 않을 거예요.

(3) 당신이 일이 끝나면 우리 같이 가요.

❷ 대등 연결어미를 사용하여 두 문장 연결하기

> **Би ном уншиж байна. Ээж хоол хийж байна.**
> 나는 책을 읽고 있다. 어머니는 밥을 하고 있다.
>
> → **Би ном уншиж, ээж хоол хийж байна.**
> 나는 책을 읽고, 어머니는 밥을 하고 있다.

☐ 동사 어간에 **-ж/ч**를 붙여 두 문장을 연결할 수 있다.

대등 연결어미를 사용하여 문장을 만들어 보세요.(시제는 변형 가능)

❷

(1) (дүү, гэрээ цэвэрлэх),
  (эгч, гэрийн даалгавараа хийх)

(2) (би, эрт босох),
  (би, шүдээ угаах)

(3) (Бат, дэлгүүрээс ногоо авах),
  (Мөнх, хоол хийх)

❸ 명령문 만들기

> **Хурдан яв.** 빨리 가.
> **Ор, ор.** 들어와.
>
> ---
>
> **Суугаад яваач.** 타고 가.
> **Үүнийг үзүүлээч.** 이것을 보여 주세요.

몽골어로 말해 보세요.

❸

(1) 책 읽어.

(2) 저녁 8시까지 와.

(3) 나 좀 도와줘.

☐ 동사 어간에 아무것도 붙이지 않을 경우 직접명령문으로 사용되어 강한 명령의 의미를 나타낸다. 그러나 'Ор, ор.'처럼 동사 어간을 두 번 중첩하여 말할 경우, 그 강도는 약해진다.

☐ -аач[4]는 직접명령문보다 약한 명령의 의미를 나타낸다.

14 시간 있으면 영화 볼까? 163

연습문제

1 문장을 듣고 빈칸에 알맞은 단어를 〈보기〉에서 골라 쓰세요. 🎧 14-3

| 보기 | гарч   үзүүлээч   аялалаар   бол   явбал   амттай

(1) Өнөөдөр салхинд _____, маргааш цэвэрлэгээ хийнэ.

(2) Таныг _____ би хамт явмаар байна.

(3) Маргааш дулаан байвал бид _____ явна.

(4) _____ бол их идээрэй.

(5) Та явахгүй _____ би явъя.

(6) Энэ улаан өнгийн цамцыг _____.

2 괄호 안의 동사에 조건 연결어미 -вал⁴/-бал⁴를 연결하여 빈칸을 채우세요.

(1) Өнөөдөр зав _____ зах явмаар байна. (гарах)

(2) Ахыг _____ надад хэлээрэй. (ирэх)

(3) Бороо их _____ ирэх хэрэггүй. (орох)

(4) Ажлаа эрт _____ иж туслаарай. (дуусах)

(5) Таныг _____ би хамт явмаар байна. (явах)

(6) Чамайг _____ би баярлах байна. (туслах)

3 다음을 접속사 бол 또는 부정 연결어미 -гүй를 사용하여 쓰세요.

(1) 맛이 있으면 (амттай) → _____

(2) 가지 않으면 (явах) → _____

(3) 바쁘면 (завгүй) → _____

(4) 보지 않으면 (үзэх) → _____

(5) 읽지 않으면 (унших) → _____

(6) 급하면 (яарч байгаа) → _____

4 괄호 안의 동사에 대등 연결어미 -ж/-ч를 연결하여 빈칸을 채우세요.

(1) Би телевиз _____, дүү ном уншсан. (үзэх)

(2) Билгүүн алим _____, Уянга гадил жимс идсэн. (идэх)

(3) Дэвтэр мянга таван зуун төгрөг _____, ном таван мянга болсон. (болох)

(4) Ээж хоол _____, бид гэрээ цэвэрлэсэн. (хийх)

(5) Хөнү монгол хэл _____, Уянга солонгос хэл сурсан. (сурах)

(6) Ах хөдөө _____, эгч хөдөөнөөс ирсэн. (явах)

몽골의 오축

유목 생활을 영위하는 몽골인들은 흉노시대부터 목축을 해 왔는데, 그 중 말(морь), 소(үхэр), 양(хонь), 염소(ямаа), 낙타(тэмээ)를 오축이라고 한다. 예전에는 가축의 소유 정도가 부를 나타내었다. 지금도 매년 국가에서는 오축의 수를 조사하여 통계를 낸다.

■ 말

말은 몽골인들이 가장 중요하게 생각하는 가축이며, 교통수단 및 운송수단으로 유용하게 사용되었다. 또, 식량으로도 이용되었는데 말고기와 말의 젖으로 만든 마유주가 대표적이다. 말의 주인은 말에 낙인을 찍어 구분하였다. 유목 생활에서 말이 중요한 만큼 말과 관련된 속담도 많이 있는데 '말보다 좋은 친구가 없고, 고기보다 좋은 음식은 없다'라는 속담은 몽골 사람들이 말을 어떻게 생각하는지 잘 보여 준다.

■ 소

소고기는 몽골 사람들이 양고기 다음으로 많이 먹는 음식이며, 가죽이나 젖 등이 유목 생활에서 유용하게 사용된다. 또 짐을 나르는 데도 사용된다.

■ 양

양은 가축 중에서 가장 많은 수를 차지한다. 몽골의 양은 거센 털을 가지고 있기 때문에 겨울의 추위를 견딜 수 있다. 몽골 사람들은 양의 가죽과 털을 이용하여 추위를 이기며, 양고기는 기름이 많아 추운 겨울을 이겨내는 데 유용한 음식이기도 하다.

■ 염소

염소는 양 다음으로 수가 많으며, 고비와 알타이 산악 지대에 주로 분포한다. 염소털을 이용하여 캐시미어 제품을 만드는데, 몽골에서는 질 좋은 캐시미어 제품이 많이 생산된다.

■ 낙타

몽골의 낙타는 주로 사막 지역에 분포하며, 쌍봉낙타가 대다수이다. 낙타는 고대부터 운송수단으로 사용되어 왔다. 암낙타의 젖은 다른 가축의 젖보다 열량이 높으며 몸에 좋은 성분이 많이 함유되어 있다. 낙타의 젖을 발효하여 만든 음료를 허르먹(хоормог)이라고 부른다. 낙타의 털은 가볍고 질겨 전통 옷이나 장갑, 담요 등을 만드는 데 많이 사용된다.

Би өрөө захиалах гэсэн юм.

저는 방을 예약하려고 합니다.

주요 문법

- ~하려고 한다 -х гэсэн юм
- ~할 필요가 있다/없다 -х хэрэгтэй/хэрэггүй
- 날짜 말하기

회화

Өрөө захиалах

Үйлчлэгч	**Байна уу? Чингис зочид буудал байна.** 바이　노　칭기스　저치드　보달　바인
Уянга	**Би нэг хүний өрөө захиалах гэсэн юм. Хоногийн ямар** 비　넥　후니　우루　자히알라흐　게셍　윰　허너깅　야마르 **үнэтэй вэ?** 운테　웨
Үйлчлэгч	**Хоногийн 80 доллар. Өглөөний цай орсон байгаа.** 허너깅　나임 덜라르　우굴러니　차이　어르승　바이가 **Хэднээс хэдэн хүртэл захиалах вэ?** 헤드네스　헤등　후르텔　자히알라흐　웨
Уянга	**Энэ сарын 3-5 хүртэл захиалья.** 엔　사링　고르와스 타왕 후르텔　자히알리
Үйлчлэгч	**Танд автобус хэрэгтэй юү?** 탄드　압토보스　헤렉테이　유
Уянга	**Сайн байна. Би автобус захиалья.** 사인　바인　비　압토보스　자히알리
Үйлчлэгч	**Та холбоо барих утас, нэрээ хэлнэ үү?** 타　헐버　배리흐　오타스　네레　힐르　누
Уянга	**Уянга. Миний утасны дугаар нь 9912-3456.**[*] 오양가　미니　오타스나　도가른　　유릉 유스 아르왕 허여르 고친 두롭 타왕 조르가

* 몽골에서는 전화번호를 두 자리씩 끊어서 말한다.

해석

예약하기

안내원	안녕하세요? 칭기즈 호텔입니다.
오양가	싱글룸을 하나 예약하려고 합니다. 하루에 얼마입니까?
안내원	하루에 80달러입니다. 조식 포함입니다.
	언제부터 언제까지 예약하십니까?
오양가	이달 3일부터 5일까지입니다.
안내원	버스가 필요하신가요?
오양가	네. 버스 예약하겠습니다.
안내원	연락처와 이름을 말씀해 주세요.
오양가	오양가입니다. 제 번호는 9912-3456입니다.

새 단어 및 표현

- зочид буудал 저치드 보달 **명** 호텔
- нэг хүний өрөө 넥 후니 우루 **명** 싱글룸
- захиалах 자히알라흐 **동** 예약하다
- доллар 덜라르 **명** 달러
- үйлчлэх 우일칠레흐 **동** 서비스하다
- хэрэгтэй 헤렉테이 **형** 필요하다
- холбоо 헐버 **명** 매듭, 연락
- холбоо барих 헐버 바리흐 연락하다

문법

1 ~하려고 한다 -х гэсэн юм

-х гэсэн юм은 '~하려고 한다'라는 의미로, 의도나 결심을 나타낸다. 1인칭 화자의 원망, 의도를 나타내는 -маар байна(~고 싶다) 표현과 유사하나, 본 표현이 주어의 의도를 더욱 분명하게 나타낸다는 점에서 차이가 있다.

> Би өрөө захиалах гэсэн юм.　방을 예약하려고 합니다.
>
> Би бие засах гэсэн юм.　저는 화장실에 가려고 합니다.
>
> Би хоол идэх гэсэн юм.　저는 식사를 하려고 합니다.
>
> Галт тэргээр очих гэсэн юм.　저는 기차로 가려고 합니다.

2 ~할 필요가 있다/없다 -х хэрэгтэй/хэрэггүй

хэрэгтэй는 '필요하다', хэрэггүй는 '필요 없다'는 의미이며, 선행하는 동사는 원형(-х)을 취한다.

① -х хэрэгтэй

> Өнөөдөр эрт гэртээ харих хэрэгтэй.　오늘은 일찍 집에 갈 필요가 있다.
>
> Одоо сургууль руугаа явах хэрэгтэй.　지금 학교에 갈 필요가 있다.
>
> Өнөөдөр түүнтэй уулзах хэрэгтэй.　오늘은 그와 만날 필요가 있다.

② -х хэрэггүй

> Тэр хүнтэй уулзах хэрэггүй.　그 사람과 만날 필요가 없다.
>
> Энийг хийх хэрэггүй.　이건 할 필요가 없다.
>
> Энэ эмийг заавал уух хэрэггүй.　이 약을 꼭 먹을 필요는 없다.

> 참고 　더 강한 의무를 표현하기 위해서는 '-х ёстой'(~해야 한다)라는 표현을 사용한다. ёстой의 반대말은 ёсгүй이다.
>
> Өнөөдөр эрт гэртээ харих ёстой.　오늘은 일찍 집에 들어가야 한다.
>
> Тэр одоо хоол идэх ёстой.　그 사람은 지금 식사를 해야 한다.
>
> Энийг хийх ёсгүй.　이것을 해서는 안 된다.
>
> Чи хэзээ ч мартах ёсгүй.　언제나 잊어서는 안 된다.

3 날짜 말하기

월(月)을 말할 때는 '숫자 + -н' 또는 '숫자 + -дугаар²'를 사용한다. `'숫자 + -н' 형태는 4과 참고`

1월	нэгдүгээр сар	7월	долдугаар сар
2월	хоёрдугаар сар	8월	наймдугаар сар
3월	гуравдугаар сар	9월	есдүгээр сар
4월	дөрөвдүгээр сар	10월	аравдугаар сар
5월	тавдугаар сар	11월	арван нэгдүгээр сар
6월	зургаадугаар сар	12월	арван хорёдугаар сар

일(日)을 말할 때는 숫자 뒤에 예외 없이 -н을 붙이며, '숫자 + -н' 또는 '숫자 + -ны² өдөр' 형태로 사용한다.

1일	нэгэн	11일	арван нэгэн	21일	хорин нэгэн
2일	хоёрон	12일	арван хоёрон	22일	хорин хоёрон
3일	гурван	13일	арван гурван	23일	хорин гурван
4일	дөрвөн	14일	арван дөрвөн	24일	хорин дөрвөн
5일	таван	15일	арван таван	25일	хорин таван
6일	зургаан	16일	арван зургаан	26일	хорин зургаан
7일	долоон	17일	арван долоон	27일	хорин долоон
8일	найман	18일	арван найман	28일	хорин найман
9일	есөн	19일	арван есөн	29일	хорин есөн
10일	арван	20일	хорин	30일	гучин
				31일	гучин нэгэн

- **A -aac⁴ B хүртэл** (A부터 B까지)

'~부터 ~까지'라는 표현은 탈격 어미 -aac⁴와 '까지'라는 뜻의 хүртэл을 사용하여 나타낸다.

Энэ сарын 3-5(гуравнаас таван) хүртэл захиалъя.
이번 달 3일부터 5일까지 예약할게요.

Бид нэгнээс таван хүртэл амарсан. 우리는 1일부터 5일까지 쉬었습니다.

Солонгост 6 сараас 8 сар хүртэл халуун байдаг. 한국은 6월부터 8월까지 덥습니다.

Өчигдөр өглөөнөөс орой хүртэл ажил хийсэн. 아침부터 저녁까지 일을 했습니다.

핵심표현

① 의도 표현하기

A: Та яах гэсэн юм бэ?

당신은 무엇을 하려고 하나요?

B: Бат руу утсаар ярих гэсэн юм.

바트에게 전화하려고 해요.

□ '동사의 원형(-X) + ГЭСЭН ЮМ' 형태로 화자의 의도를 표현할 수 있다.

의도를 나타내는 문장으로 말해 보세요.

①

(1) ном түр авах(책을 잠시 빌리다)

(2) Болдоос юм асуух(벌드에게 무엇을 물어보다)

(3) Уянгатай уулзах(오양가와 만나다)

② 필요하다/필요 없다

A: Би юу хийх хэрэгтэй вэ?

제가 무엇을 해야 하나요?

B: Та аяга таваг угаах хэрэгтэй.

컵과 그릇을 씻어야 해요.

A: Танд хэдэн төгрөг хэрэгтэй вэ?

당신에게 몇 투그릭이 필요한가요?

B: Надад 10,000 төгрөг хэрэгтэй.

제게는 1만 투그릭이 필요합니다.

'필요하다' 표현을 사용하여 문장으로 말해 보세요.

②

(1) билет авах(티켓을 사다)

(2) би, монгол хэлний толь бичиг(몽골어 사전)

(3) би, хар цамц(검은색 셔츠)

❸ 날짜 말하기

A: Өнөөдөр хэдэн сарын хэдний өдөр вэ?
오늘은 몇 월 며칠인가요?

B: Таван сарын дөрвөний өдөр.
5월 4일입니다.

A: Өнөөдөр хэдэн бэ?
오늘은 며칠입니까?

B: Өнөөдөр хоёрон.
오늘은 2일입니다.

❸

(1) 오늘은 9월 1일입니다.

(2) 내일은 2월 26일입니다.

(3) 10월 1일부터 15일까지 쉽니다.

□ 연도 말하기: 숫자 + он

참고　он과 жил은 모두 '년(年)'이라는 의미이나 он은 시점, жил은 햇수를 나타낸다.

　Миний дүү 2016 онд төрсөн.　내 동생은 2016년에 태어났다.
　Би 3 жилийн өмнө ирсэн.　나는 3년 전에 왔다.

□ 월 말하기: '숫자 + -н сар' 또는 '숫자 + -дугаар² сар' 형태로 말한다.

　гурван сар = гуравдугаар сар　3월

참고　'아라비아 숫자 + -р' 형태로 줄여서 사용할 수 있다.

　3-р сар　3월

□ 일 말하기: 숫자 뒤에 예외 없이 -н을 붙인다.

　гурван сарын гурван　3월 3일
= гурван сарын гурваны өдөр

연습문제

1 문장을 듣고 빈칸에 알맞은 단어를 〈보기〉에서 골라 쓰세요. \Omega 15-3

| 보기 |　бие засах　　хэрэгтэй　　хүртэл　　өрөө　　заавал　　харих

(1) Би _____ захиалах гэсэн юм.

(2) Одоо сургууль руугаа явах _____.

(3) Би _____ _____ гэсэн юм.

(4) Өнөөдрөөс маргааш _____ ажил хийнэ.

(5) Энэ эмийг _____ уух хэрэггүй.

(6) Өнөө орой гэртээ эрт _____ хэрэгтэй.

2 괄호 안의 명사를 알맞은 형태로 바꾸어 빈칸을 채우세요.

(1) Энэ сарын _____ таван хүртэл захиалъя. (гурав)

(2) Солонгост 6 _____ 8 сар хүртэл халуун байдаг. (сар)

(3) Бид _____ дөрвөн хүртэл амарсан. (нэг)

(4) Өчигдөр _____ орой хүртэл ажил хийсэн. (өглөө)

(5) Танай хичээл хэдэн _____ хэдэн цаг хүртэл ордог вэ? (цаг)

(6) Энэ сарын _____ таван хүртэл бүртгүүлж болно. (дөрөв)

*бүртгүүлэх 등록하게 하다

3 문맥에 맞게 빈칸에 알맞은 동사를 넣으세요.

(1) Ханиад хүрвэл эм _____ хэрэгтэй.

(2) Би түүнтэй утсаар _____ хэрэгтэй.

(3) Мөнгө солимоор байвал банк _____ хэрэгтэй.

(4) Завгүй байвал энэ ажлыг заавал _____ хэрэггүй.

(5) Киноны билетийг Баатараас _____ хэрэгтэй.

(6) Дэлгүүрээс уух юм _____ хэрэгтэй.

4 다음 문장을 몽골어로 쓰세요.

(1) 시간이 있으면 매일 체조를 하세요. (цаг байх, дасгал хийх)

_____

(2) 감기에 걸리면 약을 먹어야 한다. (ханиад хүрэх)

_____

(3) 이달 13일부터 17일까지 방을 예약하려고 합니다. (өрөө, захиалах)

_____

(4) 오늘은 그와 만날 필요가 없다. (уулзах)

_____

(5) 나는 울란바토르에서 홉드 아이막까지 비행기로 가려고 한다. (Улаанбаатар, Ховд аймаг)

_____

(6) 편지를 보내고 싶으면 어디로 가야 합니까? (захиа, явуулах)

_____

※ 울란바토르의 주요 관광지 ※

■ 수흐바타르 광장(Сүхбаатарын талбай)

몽골의 수도인 울란바토르 중앙에 위치해 있으며, 1921년 7월 몽골 독립 영웅 수흐바타르가 중국으로부터 독립을 선포한 것을 기념하여 '수흐바타르 광장'이라고 하였다. 광장 중앙에는 수흐바타르 동상이 있다. 북쪽에는 2006년 칭기즈 칸 즉위식 800주년을 기념하기 위해 거대한 칭기즈 칸 청동상을 세웠다. 2013년 '칭기즈 광장'으로 이름을 바꾸었다 2016년 8월에 다시 '수흐바타르 광장'이라는 원래의 이름으로 바꾸었다.

▶ 수흐바타르 광장

■ 자이승 승전탑(Зайсан толгой)

1939년 몽·소 연합군과 일본군 간의 할흐강 전투에서 승리한 것을 기념하고, 제2차 세계대전에 참전한 구소련군을 추모하기 위해 1945년에 세워졌다. 울란바토르 시내 전경이 잘 보이는 장소로, 야경이 아름답다. 근처에는 20세기 초 몽골에서 근대적 의술을 베풀었던 이태준 선생 기념공원이 있다.

▶ 자이승 승전탑

■ 몽골 국립박물관(Монголын Үндэсний Музей)

박물관은 3층으로 이루어져 있으며, 수흐바타르 광장 근처에 있다. 1층에는 몽골의 고대 시기의 유물들이 전시되어 있으며, 2층에는 몽골 부족들의 전통 의상이 전시되어 있다. 3층에는 칭기즈 칸 시대부터 현대에 이르는 몽골의 역사 관련 자료들이 전시되어 있다.

▶ 몽골 국립박물관

■ 테를지 국립공원(Тэрэлж)

울란바토르에서 동쪽으로 50~70km 정도 떨어져 있으며, 산으로 둘러싸인 계곡과 숲, 초원이 어우러져 있다. 승마 등 여러 활동을 체험할 수 있어 관광객들이 많이 찾는 명소이다.
국립공원 근처에는 '거북이 바위'가 있으며, 대형 칭기즈 칸 동상도 많은 관광객들이 찾는 명소이다. 내부에는 거대한 신발 모형과 몽골 역사 박물관이 있다.

▶ 거북이 바위

Маргааш бороо орно гэсэн.

내일 비가 온다고 했어요.

주요 문법

- 추측 표현 байх
- 접속사 боловч
- гэх 동사를 이용하여 인용하기

Цаг агаарын мэдээ

Уянга Өнөөдөр их халуун байна шүү[*].
우누두르 　　 이흐 　할롱 　　 바인 　　슈

Хөнү Цаг агаарын мэдээгээр өнөөдөр 35 хэм гэсэн.
착 　아가링 　　메데게르 　　　 우누두르 　　고친타옹 헴 　게승

Уянга Өнөөдөр их халуун байгаа боловч маргааш бороо
우누두르 　　 이흐 　할롱 　　 바이가 　　벌럽치 　　마르가쉬 　　버러

орно гэсэн.
어른 　　게승

Хөнү Нээрэн үү? Би маргааш ууланд явах гэсэн юм.
네레 　　 누 　비 　마르가쉬 　　올랑드 　　야와흐 　게승 　윰

Маргааш бороо орвол гэртээ амарсан дээр байх.
마르가쉬 　　버러 　　어르월 　　게르테 　　아마르승 　　데르 　바이흐

Уянга Нөгөөдөр Туяа ууланд явна гэж сонссон. Туяатай хамт
누구두르 　　토야 　올랑드 　야운 　게찌 　선스승 　　　토야타이 　　함트

явбал ямар вэ?
얍발 　야마르 　웨

Хөнү Тэгвэл Туяатай хамт нөгөөдөр ууланд явна.
테그웰 　　토야타이 　　함트 　누구두르 　　올랑드 　야운

* шүү는 문장의 맨 뒤에 붙어 주의를 환기시키거나 강조의 의미를 나타내는 양태첨사이다.

해석

일기예보

오양가	오늘 매우 덥다!
현우	일기예보에서 오늘 35도라고 했어.
오양가	오늘은 덥지만 내일은 비가 온다고 했어.
현우	정말? 나는 내일 등산하려고 하는데.
	내일 비가 오면 집에서 쉬는 것이 낫겠다.
오양가	모레 토야가 등산 간다고 들었어. 토야와 같이 가면 어때?
현우	그러면 토야와 같이 등산 가야겠다.

새 단어 및 표현

□ халуун 할롱 혱 더운, 뜨거운, 매운	□ боловч 벌럽치 쩝 ~지만
□ цаг агаар 착 아가르 몡 날씨	□ бороо 버러 몡 비
□ мэдээ 메데 몡 정보, 뉴스	□ бороо орох 비가 내리다
□ хэм 헴 몡 도(℃)	□ дээр байх 데르 바이흐 뷔 나을 것 같다
□ гэх 게흐 툉 ~라고 하다	

문법

1 추측 표현 байх

문장 끝에 байх를 연결하여 '~일 것 같다'는 추측을 나타낼 수 있다. 이때, байх 앞에 동사가 나올 경우 -х 나 -сан⁴의 형태여야 한다.

> Ах орой ирэх байх.　형은 저녁에 올 것 같다.
>
> Өчигдөр цас орсон байх.　어제 눈이 내렸던 것 같다.

형용사 뒤에 연결할 때에는 байх 동사를 첨가한 뒤, 추측의 байх를 그 뒤에 붙여야 한다. 단, 현재의 의미를 표현하고자 할 경우 байгаа를 붙인다.

> Маргааш халуун байх байх.　내일은 더울 것 같아요.
>
> Гадаа хүйтэн байгаа байх.　밖은 추울 것 같아요.

명사 뒤에는 바로 байх를 붙인다.

> Тэр Солонгос хүн байх.　그는 한국 사람 같다.

● 형용사의 시제

① 현재 시제의 경우, 형용사 뒤에 байна을 붙이면 일시적인 상태를, байна을 붙이지 않으면 영구적인 상 태를 나타낸다.

> Болд (бол) туранхай.　볼드는 말랐다.
>
> Гадаа хүйтэн байна.　밖은 춥다.

② байх 동사의 시제에 따라 문장의 시제가 결정된다.

> Солонгост зун их халуун байдаг.　한국에서는 여름에 매우 덥다.(현재 반복)
>
> Өчигдөр хүйтэн байсан.　어제 추웠다.(과거)

2 접속사 боловч

боловч는 동작, 행위가 서로 반대되는 두 문장을 연결하는 경우에 사용한다. 이때, боловч 앞에 동사가 나 올 경우 -х나 -сан⁴의 형태여야 한다.

> Метрогоор хурдан явах боловч их алхах болно.
> 지하철로는 빨리 가지만 많이 걷게 된다.

Шалгалтад сайн бэлдсэн боловч өндөр оноо аваагүй.

시험을 잘 준비했지만 높은 점수를 받지 못했다.

형용사 뒤에는 문맥에 맞게 байх 동사를 활용하여 결합한다. 단 현재의 일시적인 상태는 байна이 아닌 байгаа를 붙여야 한다.

Энэ цүнх хямдхан боловч тэр цүнх үнэтэй.

이 가방은 싸지만 저 가방은 비싸요.

Өнөөдөр тэнгэр сайхан байгаа боловч би зүгээр гэртээ амарч байна. 오늘은 날씨가 좋지만 나는 그냥 집에서 쉬고 있다.

Өчигдөр тэнгэр муухай байсан боловч бид ууланд явсан.

어제는 날씨가 나빴지만 아이들은 산에 갔다.

명사 뒤에는 곧바로 боловч를 붙인다.

Тэр солонгос хэлний багш боловч солонгосоор сайн ярьдаггүй.

그 사람은 한국어 선생님이지만 한국어로 잘 이야기하지 못한다.

3 гэх 동사를 이용하여 인용하기

직접 인용문 또는 간접 인용문을 본 문장과 연결할 때 гэж(~라고)를 붙이고, 뒤에 хэлэх(말하다), сонсо (듣다), ярих(말하다) 등의 동사를 연결할 수도 있다.

Уянга Батад "Маргааш Монгол явна." гэж хэлсэн.(= гэсэн.)

오양가는 바트에게 "내일 몽골로 가."라고 말했다.

Баатараас маргааш бороо орно гэж сонссон.

바타르에게서 내일 비가 온다고 들었다.

동사 гэх에 미래 시제 어미를 붙인 형태인 гэнэ를 문장 뒤에 붙이면 간접적으로 전해 들었다는 의미를 나타 낸다.

Бат маргааш Монгол явна гэнэ.

바트는 내일 몽골에 간다고 한다.

Мөнх өнөө орой багштайгаа уулзана гэнэ.

뭉흐는 오늘 저녁에 선생님과 만난다고 한다.

핵심표현

❶ 추측하기

> Маргааш Бат ажил хийх байх аа.
> 지금 바트는 일을 하고 있을 것이다.
>
> Сүхээ өчигдөр шинэ гутал авсан байх.
> 수헤는 어제 새 신발을 산 것 같다.

☐ 문장 끝에 **байх**를 붙여서 추측의 의미를 나타낸다. **байх** 뒤에 **аа**를 붙여 좀 더 부드러운 느낌을 나타낼 수 있다.

몽골어로 말해 보세요.

❶
(1) 어제 선생님이 오셨을 것 같다.

(2) 오양가는 내일 10시까지 일할 것 같다.

(3) 그분은 몽골 사람인 것 같다.

❷ 반대되는 두 문장 연결하기

> Өнөөдөр халуун байна. Маргааш сэрүүхэн болно.
> 오늘은 덥다. 내일은 서늘해진다.
>
> → Өнөөдөр халуун байгаа боловч маргааш сэрүүхэн болно.
> 오늘은 덥지만 내일은 서늘해진다.

☐ 반대되는 의미의 두 문장을 **боловч**로 연결할 수 있다.

몽골어로 말해 보세요.

❷
(1) 공부를 열심히 했지만 높은(өндөр) 점수(оноо)를 받지 못했다.

(2) 내일은 휴일(амралтын өдөр) 이지만 일을 해야 한다.

(3) 바트는 감기에 걸렸지만 약을 먹지 않았다.

❸ 날씨 말하기

A: Маргааш тэнгэр ямар байх бол?

내일 날씨가 어떨까?

B: Маргааш бороо орно гэнэ.

내일 비가 온다고 해.

A: Одоо хэдэн хэм бэ?

지금 몇 도야?

B: 30 хэм./Хасах 10 хэм.

30도./영하 10도.

몽골어로 말해 보세요.

❸

(1) 일기예보에서 내일은 20도라고 했다.

(2) 내일 울란바토르에 눈이 온다고 했다.

(3) 내일은 비가 내리고 바람이 분다고 한다.

□ 문장 끝에 **бол**을 붙이면 추측의 의미를 나타낸다.

□ 영하를 나타내는 표현은 **хасах**를 사용한다.

□ **гэнэ**를 문장 끝에 붙여 간접적으로 전해 들었다는 의미를 첨가할 수 있다.

□ 날씨 표현

 халуун 덥다

 хүйтэн 춥다

 цас орох
눈이 오다

 нартай, цэлмэг
맑다

 үүлтэй 흐리다

 дулаан 따뜻하다

 салхитай,
салхи
салхилах
바람이 불다

 бороо орох
비가 오다

Одоо цас орж байна. 지금 눈이 내리고 있다.

연습문제

1 문장을 듣고 빈칸에 알맞은 단어를 〈보기〉에서 골라 쓰세요.　🎧 16-3

> | 보기 |　найзтайгаа　　амттай　　боловч　　ном　　үнэтэй　　байх аа

(1) Бат маргааш завгүй байх _____ _____.

(2) Энэ _____ сонирхолтой байсан.

(3) Хоол _____ байна.

(4) Өчигдөр тэнгэр муухай байсан _____ бид ууланд явсан.

(5) Энэ гутал _____ боловч тэр гутал хямдхан.

(6) Бат _____ уулзаж байна.

2 다음 문장을 〈보기〉와 같이 추측을 나타내는 표현(-х+байх)으로 바꾸어 쓰세요.

> | 보기 |　Маргааш хүйтэн болно.
> → Маргааш хүйтэн болох байх.

(1) Маргааш хүйтэн болно.

_____

(2) Энэ гоё учраас хүмүүс худалдаж авна.

_____

(3) Ах орой ирнэ.

_____

(4) Билгүүн өнөөдөр гэр лүүгээ явна.

_____

(5) Хүүхдүүд одоо тэнд очно.

_____

3 빈칸에 боловч를 넣어 문장을 완성하세요. 필요할 경우 적절한 동사를 추가하세요.

(1) Энд жүүс _____ _____ ус байхгүй.

(2) Сарнай өчигдөр надтай _____ _____ Мөнхтэй уулзаагүй.

(3) Энэ цүнх хямдхан _____ тэр цүнх үнэтэй.

(4) Бат сурлагаар сайн _____ зан муутай.

(5) Гадаа хүйтэн _____ _____ би нимгэн хувцас өмссөн.

(6) Дүү номоо авчирсан _____ дэвтрээ мартсан.

4 두 문장을 접속사를 사용하여 한 문장으로 연결하여 쓰세요.

> | 보기 |
> Би энэ хувцсыг авмаар байна. Мөнгө байхгүй.
> → Би энэ хувцсыг авмаар байгаа боловч мөнгө байхгүй.

(1) Би өнөөдөр номын санд очсон. Би ном уншаагүй.

_____

(2) Дүү талх авахаар дэлгүүрт явсан. Тэр дэлгүүрт талх байгаагүй.

_____

(3) Би өчигдөр унтаагүй. Одоо нойр хүрэхгүй байна.

_____

(4) Бид хоёр кино үзэхээр явсан. Билет дууссан.

_____

(5) Энэ ногоо амтгүй. Энэ ногоо эрүүл мэндэд сайн.

_____

(6) Шалгалтад сайн бэлдсэн. Өндөр оноо аваагүй.

_____

❈ 소욤보(Соёмбо) ❈

▶ 몽골 국기

소욤보는 몽골 국기에 그려져 있는 문양이다. 원래 소욤보는 17세기 말 몽골의 지도자 자나바자르(1635~1723)가 만든 글자의 이름이다. 1924년 소욤보 문자의 첫 머리글자가 몽골의 국기에 사용되기 시작하였는데, 이는 몽골의 자유와 독립을 상징한다.

소욤보 문양과 국기의 색은 각각의 의미를 가지고 있다. 몽골 국기는 수직으로 3등분하여 푸른색과, 붉은색으로 나뉘는데 푸른색은 영원한 하늘, 붉은색은 불과 같이 몽골이 번영하는 것을 의미한다.

▶ 소욤보

소욤보의 가장 위에 있는 불 모양은 과거, 현재, 미래, 즉 영원함을 상징한다. 그 밑에 있는 해와 달 모양은 영원한 하늘을 상징하는데, 몽골의 영원한 발전과 번영을 상징한다. 역삼각형 모양은 창을 의미하며, 적을 무찌른다는 의미를 담고 있다.

소욤보 중앙에 있는 두 물고기는 태극 문양과 유사한데, 이는 공정함을 나타낸다. 또, 물고기는 밤낮없이 눈을 뜨고 있어 항상 국가를 경계하고 지킨다는 의미도 동시에 나타낸다.

소욤보 양쪽에 있는 수직으로 기다란 직사각형 모양은 국가를 수호하는 굳건한 성벽을 상징하며, 몽골인들이 서로 힘을 합친다면 성벽과도 같이 단단하게 몽골을 지킬 수 있음을 의미한다.

Чи морь унаж чадах уу?

너는 말을 탈 수 있어?

주요 문법

• ～할 수 있다 -ж/ч чадах   • 접속사 учраас/болохоор

Хобби

Хөнү   Уянга, чи морь унаж чадах уу?
오양가 치 머르 오나찌 차다 호

Уянга   Тэгэлгүй яахав. Би Монгол хүн шүү дээ.
테겔구이 야합 비 멍걸 홍 슈 데

Би бага наснаасаа морь унаж сурсан учраас сайн унадаг.
비 박 나스나사 머르 오나찌 소르승 오치라스 사인 오나딱

Хөнү   Би морь унаж чадахгүй.
비 머르 오나찌 차다흐귀

Уянга   Чи ерөөсөө морь унаж үзээгүй юү?
치 유러서 머르 오나찌 우제구이 유

Хөнү   Тийм ээ, унаж үзээгүй. Харин гитар хөгжим
티 메 오나찌 우제구이 하링 기타르 훅짐

тоглодог байсан.
터글러떡 바이승

Уянга   Ямар гоё юм бэ! Би дуу хөгжимд сонирхолтой боловч
야마르 거이 윰 베 비 도 훅짐드 서니르헐터이 벌럽치

хөгжим сурч чадаагүй.
훅짐 소르치 차다구이

Хөнү   Чи одоо ч сурч болно шүү дээ. Би чамд тусална.
치 어더 치 소르치 벌른 슈 데 비 참드 토살른

해석

취미

현우   오양가, 넌 말 탈 수 있어?

오양가   그렇고 말고. 난 몽골 사람이잖아.

           난 어릴 때부터 말 타는 것을 배워서 잘 타.

현우   나는 말 탈 줄 몰라.

오양가   넌 아예 말 타본 적이 없어?

현우   응, 타본 적 없어. 하지만 기타를 쳤었지.

오양가   멋지다! 나는 음악에 관심은 있지만 악기를 배우지 못했어.

현우   지금도 배울 수 있잖아. 내가 너를 도와줄게.

새 단어 및 표현

□ **унах** 오나흐 [통] 타다, 떨어지다

□ **чадах** 차다흐 [통] 할 수 있다

□ **тэгэлгүй яахав** 테겔구이 야합 그렇고 말고요

□ **учраас** 오치라스 [접] ~때문에 ([유의어] **болохоор**)

□ **гитар** 기타르 [명] 기타

□ **тоглох** 터글러흐 [통] 연주하다, 놀다, 공연하다

□ **сонирхолтой** 서니르헐터이 [형] 재미있는, 관심 있는

□ **хөгжим** 훅짐 [명] 악기

□ **туслах** 토슬라흐 [통] 돕다

문법

1 ~할 수 있다 -ж/ч чадах

동사 **чадах**는 '할 수 있다'는 의미로, 선행하는 동사는 **-ж/ч**의 형태를 가진다.

① чадах: 할 수 있다

Би усанд сэлж чадна. 나는 수영을 할 수 있다.

Би морь унаж чадна. 나는 말을 탈 수 있다.

Би тусалж чадна. 제가 도와줄 수 있어요.

Би зураг авч чадна. 나는 사진을 찍을 수 있다.

② чадахгүй: 할 수 없다

Би кимчи идэж чадахгүй. 저는 김치를 못 먹어요.

Би гитар тоглож чадахгүй. 나는 기타를 치지 못한다.

Би тамхи татаж чадахгүй. 나는 담배를 피우지 못한다.

Дүү солонгосоор ярьж чадахгүй. 동생은 한국어로 말하지 못한다.

③ чадах уу?: 할 수 있나요?

Одоо ирж чадах уу? 지금 올 수 있어?

Маргааш уулзаж чадах уу? 내일 만날 수 있어요?

Хагас сайн өдөр хамт ууланд явж чадах уу? 토요일에 같이 등산할 수 있어요?

2 접속사 учраас/болохоор

접속사 **учраас/болохоор**는 한국어 '–아서/어서' 또는 '–(으)니까'라는 의미로, 앞 문장이 뒤 문장의 이유나 원인이 될 때 사용한다. 두 문장을 연결할 경우에 사용하며, 문장 맨 앞에서 사용될 수 없다. 또, **болохоор**는 **учраас**보다 주로 구어체에서 자주 사용된다.

Энэ хоол халуун ногоотой. Би идэж чадахгүй.
이 음식은 맵다. 나는 먹을 수 없다.

→ **Энэ хоол халуун ногоотой учраас идэж чадахгүй.**
이 음식은 매워서 먹을 수 없다.

Алим амттай. Би их идлээ.

사과는 맛있다. 나는 많이 먹었다.

→ Алим амттай болохоор их идлээ.

사과가 맛있어서 많이 먹었다.

Цаг агаар сайхан байна. Би сургуулийн биеийн тамирын талбайд сагс тоглож байна.

날씨가 좋다. 나는 학교 운동장에서 농구를 한다.

→ Цаг агаар сайхан байгаа учраас сургуулийн биеийн тамирын талбайд сагс тоглож байна.

날씨가 좋아서 학교 운동장에서 농구를 한다.

동사 뒤에 учраас나 болохоор를 붙일 때, 선행하는 동사의 형태는 현재나 미래 시제의 경우 '-x', 과거 시제의 경우 -сан[4] 형태여야 한다.

Өнөөдөр бороо орох учраас шүхрээ авч яваарай.

오늘은 비가 오니까 우산 가지고 가라.

Бид маргааш хөдөө явах болохоор их завгүй байна.

우리는 내일 시골에 가기 때문에 많이 바쁘다.

Өчигдөр завгүй байсан учраас төрсөн өдрийн баярт явж чадаагүй.

어제는 바빠서 생일 파티에 가지 못했다.

болохоор의 경우 연결하는 두 문장의 주어가 다를 때, 앞 문장의 주어는 대격(-ыг[2])을 취한다. 그러나 учраас는 반드시 대격을 취할 필요는 없다.

Таныг ирээгүй болохоор би явсан.

= Та ирээгүй учраас би явсан.

당신이 오지 않아서 저는 갔어요.

핵심표현

❶ 가능 불가능 말하기

A: Та морь унаж чадах уу?
당신은 말을 탈 수 있나요?

B: Чадна./Чадахгүй.
탈 수 있어요./탈 줄 몰라요.

A: Та гитар тоглож чадах уу?
당신은 기타를 칠 수 있나요?

B: Чадна./Чадахгүй.
칠 수 있어요./칠 줄 몰라요.

자신이 할 수 있는/없는 운동과
악기를 몽골어로 말해 보세요.

❶

(1) _____

(2) _____

(3) _____

☐ 스포츠

 хөл бөмбөг
축구

 теннис
테니스

 сагсан бөмбөг
농구

 бейсбол
야구

 ширээний
теннис
탁구

 гар бөмбөг
배구

☐ 악기

 гитар 기타

 хийл 바이올린

 төгөлдөр хуур
피아노

 бөмбөр
북, 드럼

☐ 운동 종목/악기 + тоглодог(한다/연주한다)

운동 종목이나 악기 뒤에 тоглох 동사를 사용하여 '~ 운동을 한다' 또는
'~ 악기를 연주한다'는 의미를 나타낸다.

② 인과관계의 두 문장 연결하기

> Би бага наснаасаа морь унаж сурсан.
> 나는 어렸을 때부터 말 타는 것을 배웠다.
>
> Би морь сайн унадаг.
> 나는 말을 잘 탄다.
>
> → Би бага наснаасаа морь унаж сурсан учраас
> сайн унадаг.
> 나는 어렸을 때부터 말 타는 것을 배워서 잘 탄다.
>
> ───────────────────────────
>
> Би сагсан бөмбөг тоглох дуртай.
> 나는 농구하는 것을 좋아한다.
>
> Би дүүргийн тэмцээнд оролцсон.
> 나는 두렉 경기에 참가하였다.
>
> → Би сагсан бөмбөг тоглох дуртай болохоор
> дүүргийн тэмцээнд оролцсон.
> 나는 농구하는 것을 좋아해서 두렉 경기에 참가하였다.
>
>   * 두렉(дүүрэг)은 한국의 '구(區)'와 같은 개념

☐ болохоор와 учраас는 '–아서/어서'라는 의미로 인과관계의 두 문장을
연결할 때 사용한다.

인과관계의 문장으로 말해 보세요.

②

(1) (Монголоор ярьж чадахгүй),
   (Баттай англиар ярих)

(2) (билет дуусах),
   (тоглолт үзэж чадаагүй)

(3) (их даарах), (ханиад хүрэх)

* 국가명에 도구격 어미(-аар⁴)를 연결하면
'해당 국가 언어로'라는 뜻이다.

예 солонгосоор ярих
   한국어로 이야기하다
   монголоор ярих
   몽골어로 이야기하다

연습문제

1

문장을 듣고 빈칸에 알맞은 단어를 〈보기〉에서 골라 쓰세요. 🎧 17-3

> | 보기 |　хоол　морь　хүйтэн　сайн　солонгосоор　сонирхолтой

(1) Би ＿＿＿＿＿＿ унаж чадна.

(2) Өчигдөр ＿＿＿＿＿＿ байсан.

(3) Дүү ＿＿＿＿＿＿ ярьж чадахгүй.

(4) Би солонгос хэл сурсан боловч ＿＿＿＿＿＿ ярьж чадахгүй.

(5) Энэ ном ＿＿＿＿＿＿ байсан.

(6) Энэ ＿＿＿＿＿＿ халуун ногоотой учраас идэж чадахгүй.

2

다음 질문에 '-ж/ч чадахгүй'를 사용하여 답하세요.

> | 보기 |　Монголд цуг морь унах уу?
> → Би морь унаж чадахгүй.

(1) Энэ хоолыг идэх үү?

→ ＿＿＿＿＿＿＿＿＿＿＿

(2) Билгүүн ээ, маргааш усанд сэлэх үү?

→ ＿＿＿＿＿＿＿＿＿＿＿

(3) Маргааш кино үзэх үү?

→ ＿＿＿＿＿＿＿＿＿＿＿

(4) Дэлгүүр явах уу?

→ ＿＿＿＿＿＿＿＿＿＿＿

(5) Бүгдээрээ дуу дуулах уу?

→ ＿＿＿＿＿＿＿＿＿＿＿

3 다음 두 문장을 접속사 учраас/болохоор를 사용하여 한 문장으로 쓰세요.

> | 보기 |
>
> Би өнөөдөр хичээлгүй. Би номын санд очиж ном уншсан.
> → Би өнөөдөр хичээлгүй учраас номын санд очиж ном уншсан.

(1) Энэ хоол халуун ногоотой. Энэ хоолыг идэж чадахгүй.

_____

(2) Алим амттай. Алим их идлээ.

_____

(3) Одоо мөнгө байхгүй. Одоо бэлэг авч чадахгүй.

_____

(4) Өмд их урт. Өмдийг тайрсан.

_____

(5) Би сая хоол идсэн. Би энэ хоолыг идмээргүй байна.

_____

4 괄호 안의 단어를 활용하여 아래의 문장을 완성하세요.

(1) Би их даарсан учраас _____. (ханиад хүрэх)

(2) Манай ах монголоор ярьж чадахгүй учраас _____.
(англиар ярих)

(3) Автобус цагтаа ирээгүй учраас _____. (би, хүлээх)

(4) Болдын утасны дугаарыг мэдэхгүй болохоор _____.
(түүний ах, залгах)

(5) Бид маргааш хөдөө явах болохоор _____.
(дэлгүүр, идэх уух юм, авах)

몽골 문화기행

✠ 몽골의 음악 ✠

■ 마두금(머링 호르, Морин хуур)

마두금은 몽골의 전통 악기로, 흉노시대부터 사용되었다고 알려져 있다. 말 모양의 장식이 있기 때문에 마두금이라는 이름이 붙여졌다고 하는데, 이켈(икэл)이라는 악기의 변형으로 후에 말머리 장식이 추가되었다는 설도 있다.

마두금의 현은 두 개로 이루어져 있으며, 말총으로 만든다. 마두금은 몽골의 문화와 풍습을 간직한 악기로 공식적인 행사나 축제, 잔치 등에서 마두금을 연주하는 경우가 많다. 또, 몽골인들이 집집마다 둘 정도로 중요하게 생각하는 악기이다. 2003년에는 유네스코 세계문화유산으로 지정되었다.

▶ 마두금

■ 흐미(Хөөмий)

흐미는 몽골의 고유 창법으로, 후두와 입천장 깊은 곳에서 높은 소리와 낮은 소리를 동시에 내는 발성 형태인데, 이는 자연의 소리를 모방한 것이다. 주로 몽골의 서부 지역인 알타이 지역에서 행해지던 예술이며, 대대로 전수되어 내려오고 있다. 국가 행사나 잔치 등에서 행해지며, 마두금 연주와 함께 행해지는 경우가 많다. 2010년 유네스코 인류무형문화유산으로 지정되었다.

▶ 몽골 전통 음악

정답

- 핵심표현
- 연습문제

Хичээл 01

〈핵심표현〉

1.

(1) Бат аа, сайн байна уу?

(2) Саран аа, сайн уу?

(3) Чольсү, сайн байна уу?

2.

(1) Таны нэр хэн бэ?(Таныг хэн гэдэг вэ?) /
Миний нэр Сүхён.(Намайг Сүхён гэдэг.)

(2) Таны нэр хэн бэ?(Таныг хэн гэдэг вэ?) /
Миний нэр Сараа.(Намайг Сараа гэдэг.)

(3) Таны нэр хэн бэ?(Таныг хэн гэдэг вэ?) /
Миний нэр Сувд.(Намайг Сувд гэдэг.)

3.

(1) Сайн яваарай.

(2) Сайхан амраарай.

(3) Баяртай. Дараа уулзъя.

4.

(1) Энэ хэн бэ? / Энэ Дорж.

(2) Тэр хэн бэ? / Тэр багш.

(3) Энэ хэн бэ? / Энэ Цэцэг.

〈연습문제〉

1. 🎧 01-3

(1) Сайн байна уу?
안녕하세요?

(2) Баяртай. Сайн яваарай.
안녕히 가세요. 잘 가세요.

(3) Таныг хэн гэдэг вэ?
당신을 누구라고 합니까?

(4) Намайг Хёнү гэдэг.
저를 현우라고 합니다.

(5) Таны нэр хэн бэ?
당신의 이름은 무엇입니까?

(6) Дараа уулзъя. Сайхан амраарай.
다음에 만나요. 잘 쉬세요.

2. 🎧 01-4

(1) Сайн байна уу?

(3) Таны нэр хэн бэ?

(5) Миний нэр Солонго.

(6) Таныг хэн гэдэг вэ?

(7) Намайг Уянга гэдэг.

(9) Баяртай.

(10) Сайхан амраарай.

3.

(1) Тэр хүн хэн бэ? 저분은 누구십니까?

(2) Энэ юу вэ? 이것은 무엇입니까?

(3) Таны ажил мэргэжил юу вэ?
당신의 직업은 무엇입니까?

(4) Таныг хэн гэдэг вэ? 당신을 누구라고 합니까?

(5) Чамайг хэн гэдэг вэ? 너를 누구라고 하니?

(6) Энэ хэн бэ? 이 사람은 누구입니까?

4.

(1) Сайн байна уу?

(2) Таны нэр хэн бэ? / Таныг хэн гэдэг вэ?

(3) Миний нэр Солонго. / Намайг Солонго гэдэг.

(4) Маргааш уулзъя.

(5) Сайхан амраарай.

(6) Тэр хэн бэ?

Хичээл 02

〈핵심표현〉

1.

(1) Энэ юу вэ? / Энэ сандал.

(2) Энэ юу вэ? / Энэ дэвтэр.

(3) Тэр юу вэ? / Тэр харандаа.

2.

(1) Энэ хэний бал вэ? / Энэ миний бал.

(2) Энэ хэний дэвтэр вэ? / Энэ Цэцэгийн
дэвтэр.

(3) Тэр хэний харандаа вэ? / Тэр Мөнхийн
харандаа.

3.

(1) Энэ таны дэвтэр үү? / Тийм, энэ миний
дэвтэр.

(2) Энэ таны харандаа юу? / Үгүй, энэ миний
харандаа биш.

(3) Энэ Батын зураг уу? / Үгүй, энэ Батын
зураг биш. Уянгагийн зураг.

4.

(1) Энэ хэн бэ? / Энэ манай аав.

(2) Энэ хэн бэ? / Энэ манай эрэгтэй дүү.

(3) Энэ хэн бэ? / Энэ манай эмээ.

〈연습문제〉

1. 🎧 02-3

(1) Энэ танай гэр бүлийн зураг уу?
이것은 당신의 가족 사진입니까?

(2) Энэ манай гэр бүлийн зураг.
이것은 우리 가족 사진입니다.

(3) Энэ хүн манай ээж.
이분은 우리 어머니입니다.

(4) Тэр миний эмэгтэй дүү.
저 사람은 내 여동생입니다.

(5) Энэ танай эгч үү?
이분은 당신의 누나/언니 맞나요?

(6) Энэ миний ном биш, Батын ном.
이것은 제 책이 아니라, 바트의 책입니다.

2.

(1) A: Энэ хэний зураг вэ? 이것은 누구의 사진인가요?
   B: Энэ Туяагийн зураг. 이것은 토야의 사진입니다.

(2) A: Энэ хэний сурах бичиг вэ?
   이것은 누구의 교과서인가요?
   B: Энэ манай дүүгийн сурах бичиг.
   이것은 제 동생의 교과서입니다.

(3) A: Энэ хэний гутал вэ? 이것은 누구의 신발인가요?
   B: Энэ миний гутал. 이것은 제 신발입니다.

(4) A: Тэр хэний ширээ вэ? 저것은 누구의 책상인가요?
   B: Тэр үүний ширээ. 저것은 이 사람의 책상입니다.

3.

(1) Энэ таны ном уу?
이것은 당신의 책인가요?

(2) Тэр Батын ширээ юу?
저것은 바트의 책상인가요?

(3) Энэ Цэцэгийн харандаа юу?
이것은 체첵의 연필인가요?

(4) Энэ ус уу, сүү юу?
이것은 물인가요, 우유인가요?

(5) Тэр ном уу, дэвтэр үү?
저것은 책인가요, 공책인가요?

(6) Энэ Дорж уу, Мөнх үү?
이 사람은 더르찌인가요, 뭉흐인가요?

4.

(1) Энэ манай гэр бүлийн зураг.

(2) Энэ ах уу, эрэгтэй дүү юу?

(3) Энэ Бат мөн үү?

(4) Энэ багш биш.

(5) Та Солонгос хүн үү?

(6) Энэ багшийн ном.

Хичээл 03

〈핵심표현〉

1.

(1) Сонин юу байна?

(2) Юмгүй, тайван.

(3) Сайхан амарсан уу? / Сайхан амарсан.

2-1.

(1) Та хаанаас ирсэн бэ? / Би Хятадаас ирсэн.

(2) Та Солонгос хүн үү? / Үгүй, Би Солонгос
хүн биш. Би Монгол хүн.

(3) Эйко хаанаас ирсэн бэ? / Тэр Японоос
ирсэн.

2-2.

(1) Та хаанаас ирсэн бэ? / Би хөдөөнөөс ирсэн.
Төв аймгийн хүн.

(2) Бат аль хотоос ирсэн бэ? / Бат Дархан хотоос ирсэн.

(3) Жон хаанаас ирсэн бэ? / Лондонгоос ирсэн.

3.

(1) Та хэзээ ирсэн бэ? / Өчигдөр ирсэн.

(2) Уянга хэзээ ирсэн бэ? / Өчигдөр орой ирсэн.

(3) Дорж хэзээ ирсэн бэ? / Өнөөдөр өглөө ирсэн.

〈연습문제〉

1. 🎧 03-3

(1) <u>Сонин</u> юу байна?
별일 있으신가요?

(2) Та <u>хаанаас</u> ирсэн бэ?
당신은 어디에서 오셨나요?

(3) Би <u>Улаанбаатар</u> хотоос ирсэн.
저는 울란바토르에서 왔어요.

(4) Тэр <u>хэзээ</u> ирсэн бэ?
그 사람은 언제 오셨나요?

(5) Би <u>Монгол</u> хүн.
저는 몽골 사람입니다.

(6) Бат <u>өчигдөр орой</u> ирсэн.
바트는 어제 왔어요.

2.

(1) Хятад<u>аас</u>

(2) өчигдр<u>өөс</u>

(3) хөдөө<u>нөөс</u>

(4) автобус<u>наас</u>

(5) дэлгүүр<u>ээс</u>

(6) Англи<u>ас</u>

3.

Солонгос – 한국, Орос – 러시아, Хятад – 중국,
Герман – 독일, Япон – 일본, Англи – 영국
Америк – 미국

4.

(1) Би Сөүлөөс ирсэн.

(2) Би Монголоос ирээгүй.

(3) Та хэзээ ирсэн бэ?

(4) Би өнөөдөр өглөө ирсэн.

(5) Сайхан амарсан уу?

(6) Уянга өчигдөр орой Японоос ирсэн.

Хичээл 04

〈핵심표현〉

1-1.

(1) Миний цүнх хаана байна вэ? / Ширээн доор байна.

(2) Цэцэгийн шүхэр хаана байна вэ? / Диваны хажууд байна.

(3) Зургт хаана байна вэ? / Зургт, цонх цэцэг хоёрын хооронд байна.

1-2.

(1) Манай гэрийн хажууд талбай бий.

(2) Бат сургууль дээр байна.

(3) Их дэлгүүрийн хажууд Дорж байна.

2-1.

(1) Ширээн дээр хэдэн харандаа байна вэ? / Таван харандаа байна.

(2) Диван дээр хэдэн дэвтэр байна вэ? / Гурван дэвтэр байна.

(3) Батад хэдэн төгрөг байна вэ? / Батад гурван мянган төгрөг байна.

2-2.

11 арван нэг

22 хорин хоёр

33 гучин гурав

44 дөчин дөрөв

55 тавин тав

66 жаран зургаа

77 далан долоо

88 наян найм

99 ерөн ес

105 зуун тав

1,024 мяган хорин дөрөв

3,689 гурван мянган зургаан зуун наян ес

〈연습문제〉

1. 🎧 04-4

(1) Чиний <u>ном</u> хаана байна?
너의 책은 어디에 있니?

(2) <u>Ширээн</u> дээр таван ном байна.
책상 위에 책 5권이 있다.

(3) Миний цүнх ширээний <u>хажууд</u> байна.
내 가방은 책상 옆에 있다.

(4) Шүхэр <u>хоёр</u> сандлын хооронд байна.
우산은 두 책상 사이에 있다.

(5) Хэдэн <u>төгрөг</u> байна вэ?
몇 투그릭이 있어?

(6) <u>Гурван</u> мянган төгрөг байна.
3천 투그릭이 있어.

2.

(1) Манай <u>гэрийн хойно</u> морь байна.

(2) Манай <u>гэрийн хажууд</u> номын сан бий.

(3) Манай <u>сургуулийн гадна</u> хүүхдүүд байна.

(4) <u>Ширээн дээр</u> таван ном байна.

(5) <u>Өрөөн дотор</u> цүнх байна.

3.

(1) Миний хажууд <u>нэг</u> хүн байна. (1)
내 옆에 한 사람이 있다.

(2) Ширээн дээр <u>гурван</u> ном байна. (3)
책상 위에 책 3권이 있다.

(3) Талбай дээр <u>таван</u> хүн байна. (5)
광장에 5명의 사람이 있다.

(4) Цүнхэн дотор <u>арван хоёр</u> харандаа байгаа. (12)
가방 안에 연필 12자루가 있다.

(5) Надад <u>мянган</u> төгрөг байна. (1,000)
나에게 천 투그릭이 있다.

4.

(1) Шүхэр хаана байна вэ?

(2) Ширээн дээр гурван дэвтэр байна.

(3) Батад таван мянган төгрөг банйа.

(4) Компьютер ширээн дээр байна.

(5) Зурагтын хажууд цэцэг байна.

(6) Миний цүнхэн дотор харандаа байхгүй.

Хичээл 05

〈핵심표현〉

1.

(1) Манайх тавуулаа.

(2) Манайх наймуулаа.

(3) Манайх гурвуулаа.

2.

(1) Та хэдэн настай вэ? / Би хорин найман настай.

(2) Хёнү хэдэн настай вэ? / Хёнү гучин таван настай.

(3) Танай аав хэдэн настай вэ? / Манай аав жаран долоон настай.

3.

(1) Би хоёр эмэгтэй дүүтэй.

(2) Би хоёр нохойтой.

(3) Саран гурван ахтай.

4.

(1) Өндөгтэй салат байна уу? / Байхгүй.

(2) Сүүтэй цай байна уу? / Байна.

(3) Чихэртэй кофе байна уу? / Байхгүй.

〈연습문제〉

1. 🎧 05-3

(1) Танайх <u>хэдүүлээ</u> вэ?
당신의 가족은 몇 명입니까?

(2) Манайх <u>дөрвүүлээ</u>.
제 가족은 4명입니다.

(3) Танай дүү хэдэн <u>настай</u> вэ?
당신의 동생은 몇 살입니까?

(4) Манай дүү <u>арван найман</u> настай.
제 동생은 18살입니다.

(5) Та дүүтэй юу?

저는 동생이 있나요?

(6) Үгүй, харин би нэг эгчтэй.

아니요, 하지만 저는 1명의 언니/누나가 있어요.

2.

(1) Би ахтай.

저는 형/오빠가 있습니다.

(2) Би гурван нохойтой.

저는 3마리의 강아지가 있습니다.

(3) Би зургаан номтой.

저는 6권의 책이 있습니다.

(4) Би өнөөдөр их ажилтай.

저는 오늘 많은 일이 있습니다.

(5) Би хичээлтэй.

저는 수업이 있습니다.

(6) Багш гурван дүүтэй.

선생님은 3명의 동생이 있습니다.

3. (예시 답변)

(1) A: Танайх хэдүүлээ вэ? 당신의 가족은 몇 명입니까?

B: Манайх тавуулаа. 제 가족은 5명입니다.

(2) A: Та эгчтэй юу?

당신은 누나/언니가 있나요?

B: Тийм, би нэг эгчтэй. / Үгүй, би эгчгүй.

네, 저는 누나 1명이 있습니다. / 아니요, 저는 누나가 없습니다.

(3) A: Та монгол хэлний номтой юу?

당신은 몽골어 책이 있나요?

B: Тийм, би монгол хэлний номтой.

네, 저는 몽골어 책이 있습니다.

(4) A: Танай аав хэдэн настай вэ?

당신의 아버지는 연세가 어떻게 되십니까?

B: Манай аав далан хоёр настай.

우리 아버지는 72세입니다.

(5) A: Энэ хэний үзэг вэ? Болдынх уу?

이것은 누구의 볼펜입니까? 벌드의 것인가요?

B: Энэ миний үзэг. Энэ үзэг минийх.

이것은 제 볼펜입니다. 이 볼펜은 제 것입니다.

4.

(1) Эрдэнэ хоёр дүүтэй.

(2) Манайх зургуулаа.

(3) Сүүтэй кофе бий юу?

(4) Солонгос хэлний ном бий юу?

(5) Танай ээж хэдэн настай вэ?

(6) Энэ хэний сүүтэй цай вэ?

Хичээл 06

〈핵심표현〉

1.

(1) Уянга 11-р хороололд амьдардаг.

(2) Би Инчонд амьдардаг.

(3) Тэр сургуулийн хажууд амьдардаг.

2.

(1) Та хаана ажилладаг вэ? / Би эмнэлэгт ажилладаг.

(2) Та ямар мэргэжилтэй вэ? / Би оюутан.

(3) Таны аавын мэргэжил юу вэ? / Манай аав инженер.

3.

(1) Найман цаг дөчин минут болж байна.

(2) Арван нэгэн цаг гучин таван минут болж байна.

(3) Дөрвөн цаг хорин таван минут болж байна.

4.

(1) Өглөө хэдэн цагт босдог вэ? / Өглөө зургаа хагаст.

아침에 몇 시에 일어납니까? / 아침 6시 반에요.

(2) Хэдэн цагт ажилдаа явдаг вэ? / Өглөө найман цагт.

몇 시에 출근합니까? / 아침 8시에요.

(3) Хэдэн цагт оройн хоолоо иддэг вэ? / Орой долоо хагаст.

몇 시에 저녁식사를 합니까? / 저녁 7시 반에요.

〈연습문제〉

1. 🎧 06-3

(1) Та хаана <u>ажилладаг</u> вэ?
당신은 어디에서 일하십니까?

(2) Их сургуульд <u>ажилладаг</u> уу?
대학교에서 일하시나요?

(3) Та <u>хэдэн цагт</u> хичээл заадаг вэ?
당신은 몇 시에 수업을 가르치시나요?

(4) Би өглөө 9 цагаас <u>хичээлтэй</u> байдаг.
저는 아침 9시부터 수업이 있습니다.

(5) Би <u>эмнэлэгт</u> ажилладаг.
저는 병원에서 일합니다.

(6) Та хэдэн цагт ажилдаа <u>явдаг</u> вэ?
몇 시에 일을 갑니까?

2.

(1) Би Солонгост <u>амьдардаг</u>.
저는 한국에서 삽니다.

(2) Тэр оройн 10 цагт <u>унтдаг</u>.
그는 저녁 10시에 잡니다.

(3) Би 1-р эмнэлэгт <u>ажилладаг</u>.
저는 1번 병원에서 일합니다.

(4) Хёнү Монгол хэл <u>сурдаг</u>.
현우는 몽골어를 배웁니다.

(5) Уянга заримдаа сүү <u>уудаг</u>.
오양가는 가끔씩 우유를 마십니다.

(6) Би орой болгон сонин <u>уншдаг</u>.
저는 저녁마다 신문을 읽습니다.

3.

(1) Батад
(2) цагт
(3) ууланд
(4) сард
(5) багшид
(6) хоолонд

4.

(1) Би 1-р хороололд амьдардаг.
(2) Болд 3-р сургуульд ажилладаг.
(3) Би өглөө болгон 7 цагт өглөөний цайгаа уудаг.

(4) Би орой 6 цагт гэртээ харьдаг.
(5) Уянга орой 8 цагт хоолоо иддэг.
(6) Бат 3-р ангийн сурагч.

Хичээл 07

〈핵심표현〉

1.

(1) Дуу сонсож байна.
(2) Зурагт(Телевиз) үзэж байна.
(3) Хоол хийж байна.

2.

(1) Зах руу явж байна.
(2) Эмнэлэг рүү явж байна.
(3) Хоолны газар луу явж байна.

3.

(1) Би сүүтэй цайнд дуртай.
(2) Би ээждээ хайртай.
(3) Бат чихэртэй кофенд дургүй.

〈연습문제〉

1. 🎧 07-3

(1) Та одоо <u>юу</u> хийж байна вэ?
당신은 지금 무엇을 하고 있습니까?

(2) Үгүй, би хичээлээ <u>хийгээгүй</u> байна.
아니요, 저는 공부를 하고 있지 않습니다.

(3) <u>Тэгвэл</u> чи юу хийж байна вэ?
그러면 너는 무엇을 하고 있니?

(4) Одоо <u>гэртээ</u> ном уншиж байна.
지금 집에서 책을 읽고 있다.

(5) Би ном унших <u>дуртай</u>.
나는 책을 읽는 것을 좋아한다.

(6) Би солонгос хэлний хичээлээ <u>хийж</u> байна.
저는 한국어 공부를 하고 있습니다.

2.

(1) Дуу дуулж байна.

(2) Хоол идэж байна.

(3) Ном уншиж байна.

(4) Телевиз үзэж байна.

(5) Кофе ууж байна.

(6) Шалгалт дуусч байна.

3.

(1) A: Тэр унтаж байна уу?

그는 자고 있나요?

B: Үгүй. <u>Тэр унтаагүй байна.</u>

아니요. 그는 자고 있지 않아요.

(2) A: Тэд амарч байна уу?

그 사람들은 쉬고 있나요?

B: Үгүй. <u>Тэд амраагүй байна.</u>

아니요. 그 사람들은 쉬고 있지 않아요.

(3) A: Ээж ирж байна уу?

어머니는 오고 계신가요?

B: Үгүй. <u>Ээж ирээгүй байна.</u>

아니요. 어머니는 오고 계시지 않아요.

(4) A: Чи сургууль руугаа явж байна уу?

너는 학교로 가고 있니?

B: Үгүй. <u>Би сургууль руугаа яваагүй байна.</u>

아니. 나는 학교로 가고 있지 않아.

(5) A: Чи гэр лүүгээ явж байна уу?

너는 집으로 가고 있니?

B: Үгүй. <u>Би гэр лүүгээ яваагүй байна.</u>

아니. 나는 집으로 가고 있지 않아.

4.

(1) Ажил <u>руугаа</u> явж байна.

직장으로 가고 있다.

(2) Одоо гэр <u>лүүгээ</u> ирж байна.

지금 집에 오고 있다.

(3) Бид эмнэлэг <u>рүү</u> явж байна.

우리는 병원으로 가고 있다.

(4) Та над <u>руу</u> хэзээ утасдах вэ?

당신은 제게 언제 전화하실 건가요?

(5) Тэд нар сургууль <u>руугаа</u> явж байна уу?

그들은 학교로 가고 있습니까?

(6) Дэлгүүр <u>лүү</u> явж байна.

가게로 가고 있습니다.

〈핵심표현〉

1-1.

(1) Сэтгүүл уншсан.

(2) Гэртээ амарсан.

(3) Талх авсан.

1-2.

(1) Та өчигдөр зурагт үзсэн үү? /

당신은 어제 텔레비전을 보셨나요?

Үзээгүй. Сонин уншсан.

아니요. 신문을 읽었습니다.

(2) Та өчигдөр цай уусан уу? /

당신은 어제 차를 마셨나요?

Уугаагүй. Кофе уусан.

아니요. 커피를 마셨습니다.

(3) Та өчигдөр хөгжим сонссон уу? /

당신은 어제 음악을 들었나요?

Сонсоогүй. Радио сонссон.

듣지 않았습니다. 라디오를 들었습니다.

2.

(1) Би Солонгост өчигдөр орой ирсэн.

(2) Хёнү 2 жилийн өмнө Монголд ирсэн.

(3) Уянга 5 сарын өмнөөс солонгос хэл сурсан.

〈연습문제〉

1. 🎧 08-3

(1) Энд өчигдөр <u>цас</u> орсон.

여기에 어제 눈이 내렸다.

(2) Өнгөрсөн жил Монгол явсан.

작년에 몽골에 갔다.

(3) Би <u>өглөө эрт</u> боссон.

나는 아침에 일찍 일어났다.

(4) Чи өчигдөр юу хийсэн бэ?

너는 어제 무엇을 했니?

(5) Манай <u>хүү</u> 3 жилийн өмнө төрсөн.

내 아들은 3년 전에 태어났다.

(6) Өчигдөр орой <u>11 цагт</u> унтсан.

어제 저녁에 11시에 잤다.

2.

(1) Хог шүүрдсэн. 쓰레기를 쓸었다.

(2) Бороо орсон. 비가 내렸다.

(3) Багш ирсэн. 선생님이 오셨다.

(4) Хот руу явсан. 도시로 갔다.

(5) Хурал болсон. 회의가 열렸다.

(6) Хичээлээ хийсэн. 공부를 했다.

3.

(1) A: Чи өчигдөр юу хийсэн бэ?

  넌 어제 무엇을 했니?

  B: Би өчигдөр ном уншсан.

  난 어제 책을 읽었어.

(2) A: Та өнөөдөр сонин уншсан уу?

  당신은 어제 신문을 읽으셨나요?

  B: Тийм ээ. Би өглөө сонин уншсан.

  네. 저는 아침에 신문을 읽었어요.

(3) A: Чи хаанаас ирсэн бэ?

  당신은 어디에서 오셨나요?

  B: Би ажлаасаа ирсэн.

  저는 직장에서 왔어요.

(4) A: Та гэрээсээ хэзээ гарсан бэ?

  당신은 집에서 언제 나왔나요?

  B: Би гэрээсээ эрт гарсан.

  저는 집에서 일찍 나왔어요.

4.

(1) A: Бат аа, чи өчигдөр монгол хоол идсэн үү?

  바트야. 너 어제 몽골 음식 먹었니?

  B: Үгүй, би монгол хоол идээгүй.

  아니, 나는 몽골 음식 안 먹었어.

(2) A: Чи өчигдөр орой радио сонссон уу?

  너 어제 저녁에 라디오 들었니?

  B: Үгүй, би радио сонсоогүй.

  아니, 나는 라디오 안 들었어.

(3) A: Чи өнөөдөр юу хийсэн бэ?

  너 어제 뭐 했어?

  B: Онц юм хийгээгүй.

  특별한 것 안 했어.

(4) A: Чамд ээж мөнгө өгсөн үү?

  너에게 어머니가 돈을 주셨니?

  B: Үгүй, ээж надад мөнгө өгөөгүй.

  아니, 어머니가 내게 돈을 주지 않으셨어.

⟨핵심표현⟩

1.

(1) Цайууна.

(2) Хөгжим сонсоно.

(3) Талх авна.

2.

(1) Гурвуулаа кино үзье.

(2) Маргааш гэртээ амрах уу, хөдөө явах уу? / Гэртээ амаръя.

(3) Хагас сайнд монгол хоол идэх үү, хятад хоол идэх үү? / Хятад хоол идье.

3.

(1) Хёнү хагас сайнд юу хийх вэ? / Тэр кино үзнэ.

(2) Уянга бүтэн сайнд юу хийх вэ? / Тэр хөдөө явна.

(3) Цэцэг гурав дахь өдөр юу хийх вэ? / Тэр их дэлгүүр явна.

⟨연습문제⟩

1. 🎧 09-3

(1) Би энэ жил сургуульд орно.

  나는 올해 학교에 입학한다.

(2) Өнөөдөр гэртээ ном уншина.

  오늘 집에서 책을 읽을 것이다.

(3) Тав дахь өдөр монгол хэл суралцагчдын цуглаан болдог.

  금요일에 몽골어를 배우는 모임이 있어.

(4) Хоёулаа хамт цуглаанд очих уу?

  둘이서 같이 모임에 갈까?

(5) Би өнөө орой 11 цагт унтана.

  나는 오늘 저녁 11시에 잘 것이다.

(6) Манай хичээл маргааш эхэлнэ.

  우리 수업은 내일 시작한다.

2.

(1) Чи маргааш юу хийх вэ?

  너는 내일 무엇을 할 거야?

(2) Та ирэх <u>бямба гаригт</u> юу хийх вэ?

당신은 이번 토요일에 무엇을 하실 건가요?

(3) Чи <u>Монголд</u> хэзээ ирэх вэ?

너는 몽골에 언제 올 거야?

(4) <u>Хичээл</u> хэдэн цагт эхлэх вэ?

수업은 몇 시에 시작하나요?

(5) Та ямар <u>хоол</u> идэх вэ?

어떤 음식을 드실 건가요?

(6) Аль <u>автобус</u> Сөүл явах вэ?

어느 버스가 서울로 가나요?

3.

(1) Би хоол идэхгүй.

(2) Би ногоо авахгүй.

(3) Би кино үзэхгүй.

(4) Бат маргааш ирэхгүй.

(5) Аав маргааш ажил руугаа явахгүй.

4.

(1) Ном уншъя. 책을 읽자.

(2) Танайд очъё. 당신 집에 가자.

(3) Тоо бодъё. 숫자를 생각하자.

(4) Эрт унтъя. 일찍 일어나자.

(5) Гадаа гаръя. 밖에 나가자.

(6) Долоон цагт босъё. 7시에 일어나자.

(7) Хичээлээ хийе. 공부하자.

(8) Багшаас асууя. 선생님께 여쭤보자.

Хичээл 10

〈핵심표현〉

1.

(1) Ээж хэнийг дуудсан бэ? / Намайг дуудсан.

(2) Та нутгаа санаж байна уу? / Тийм, санаж байна.

(3) Та миний харандааг харсан уу? / Харсан. Орон дээр байна.

2.

(1) Солонгос хоол идмээр байна.

(2) Хүйтэн ундаа уумаар байна.

(3) Монгол явмаар байна.

3.

(1) Энэ өмд ямар вэ?

(2) Би 42(дөчин хоёр) размер өмсдөг.

(3) Энэ гутал надад жижигдэж байна.

〈연습문제〉

1. 🎧 10-3

(1) Би <u>энэ</u> хувцсыг авмаар байна.

나는 이 옷을 사고 싶어요.

(2) Гоё <u>харагдаж</u> байна.

좋아 보이네요.

(3) Таны <u>размер</u> хэд вэ?

사이즈가 몇인가요?

(4) Энэ <u>мөнгийг</u> дүүдээ өгье.

이 돈을 동생에게 주자.

(5) Гэртээ <u>амармаар</u> байна.

집에서 쉬고 싶어요.

(6) Та <u>дүүгээ санаж</u> байна уу?

당신은 동생이 그립나요?

2.

(1) Бид <u>найзыгаа</u> хүлээж байна.

그들은 친구를 기다리고 있다.

(2) Надад <u>хоёрыг</u> өгөөч.

내게 두 개를 줘.

(3) Та <u>хэдийг</u> авах вэ?

몇 개를 사실 건가요?

(4) Тэр <u>өрөөний гэрлийг</u> унтраасан уу?

저 방의 불을 껐니?

(5) Нараа <u>дууг</u> сайн дуулдаг.

나라는 노래를 잘 부른다.

(6) Миний <u>дүүг</u> сайн харж байна уу?

내 동생을 잘 보고 있어?

3.

(1) A: Миний цүнхийг авсан уу?

내 가방을 받았니?

B: Чиний цүнхийг аваагүй.

네 가방을 받지 않았어.

(2) A: Урангоо багшийг харсан уу?

오랑거 선생님을 봤어?

B: Би багшийг хараагүй.

나는 선생님 못 봤어.

(3) A: Танай даргыг хэн гэдэг вэ?

   당신의 사장님을 누구라고 하나요?

   B: Манай даргыг Баяраа гэдэг.

   우리 사장님을 바야라라고 합니다.

(4) A: Энэ юмыг хаанаас авсан бэ?

   이것을 어디에서 받았어?

   B: Энэ юмыг тэр хүнээс авсан.

   이것을 저 사람에게서 받았어.

4.

(1) Энэ размер надад томдож байна.

(2) Энэ цамц надад сайхан таарч байна.

(3) Энэ пальто ямар вэ?

(4) Маргааш би гэртээ амармаар байна.

(5) Таны цүнхийг ширээн дээр байгааг харсан.

Хичээл 11

〈핵심표현〉

1.

(1) Тамхи татаж болох уу?

(2) Архиууж болох уу?

(3) Дуулж болох уу?

2.

(1) Мөнх гуанзанд хоол идээд кофе уусан.

(2) Уянга номын санд хичээлээ хийгээд 12 цагт унтсан.

(3) Цэцэг кино үзээд гэртээ харьсан.

3.

(1) Номоо нээгээрэй.

(2) Багшийг дуудаарай.

(3) Нэрээ бичээрэй.

4.

(1) Миний нуруу өвдөж байна.

(2) Хаана өвдөж байна вэ? / Миний гар өвдөж байна.

(3) Уянга хаана өвдөж байна вэ? / Тэр толгой өвдөж байна.

〈연습문제〉

1. 🎧 11-3

(1) Энд сууж болохгүй.

   여기에 앉으면 안 된다.

(2) Багш аа, юм асууж болох уу?

   선생님, 뭐 좀 여쭤봐도 되나요?

(3) Энд тамхи татаж болохгүй.

   여기서 담배를 피울 수 없다.

(4) Хаана өвдөж байна вэ?

   어디가 아프십니까?

(5) Энэ эмийг өдөрт гурван удаа уугаарай.

   이 약을 하루에 3번 드세요.

(6) Би өчигдөр гадаа ажиллаад жаахан даарсан.

   나는 어제 밖에서 일하고 조금 추위에 떨었다.

2.

(1) Орж болно.

(2) Сууж болно.

(3) Гарч болохгүй.

(4) Гүйж болохгүй.

(5) Уулзаж болох уу?

(6) Кино үзэж болох уу?

3.

(1) Ирээрэй. 오세요.

(2) Очоорой. 도착하세요.

(3) Унтаарай. 주무세요.

(4) Идээрэй. 먹으세요.(드세요.)

(5) Яриарай. 말하세요.

(6) Асуугаарай. 물어보세요.

(7) Суугаарай. 앉으세요.

(8) Өгөөрэй. 주세요.

(9) Ороорой. 들어오세요.

(10) Гараарай. 나가세요.

(11) Хийгээрэй. 하세요.

(12) Өмсөөрэй. 입으세요.

4.

(1) Би Солонгост ирээд 3 жил болсон.

   나는 한국에 와서(온 지) 3년이 되었다.

(2) Миний дүү Солонгос яваад нилээд хонож байна.

내 동생은 한국에 가서 꽤 머물고 있다.

(3) Манай ажил ороод их удаагүй.

나는 직장에 들어간 지 오래되지 않았다.

(4) Амралт эхлээд 2 сар боллоо.

휴가가 시작된 지 2달이 되었다.

(5) Би монгол хэл сураад хэдэн сар өнгөрчээ.

나는 몽골어를 배운 지 몇 달 지났다.

(6) Хүүхдүүд яваад Билгүүн үлдлээ.

아이들이 가고 빌궁만 남았다.

Хичээл 12

〈핵심표현〉

1.

(1) Та хэнтэй уулзсан бэ? / Ээжтэйгээ уулзсан.

(2) Багш хэнтэй ярьж байна вэ? / Таны ээжтэй ярьж байна.

(3) Бат хэн хэнтэй хамт явж байна вэ? / Цэцэг, Мөнх, бид гуравтай хамт явж байна.

2.

(1) Энэ сууж болох уу? / Хоолны цэсээ өгөхгүй юу?

(2) Үхрийн махтай хуурга, дөрвөн бууз авъя.

(3) Уух юм юу авах вэ? / Нэг кола, нэг ус авъя.

〈연습문제〉

1. 🎧 12-3

(1) Маргааш бид хаашаа явах уу?

내일 우리 어디 갈까?

(2) Маргааш цуг морь унах уу?

내일 같이 말 탈까?

(3) Бүгдээрээ кино үзэх үү?

모두 영화 볼까?

(4) Бид маргааш юу хийх үү?

우리 내일 뭐 할까?

(5) Маргааш дэлгүүр явъя.

내일 가게 가자.

(6) Танай гэрт оръё.

너희 집에 가자.

2.

(1) Би аавтайгаа хөдөө явна.

나는 아버지와 시골에 간다.

(2) Ах хүүтэйгээ хамт ирлээ.

형은 아들과 같이 왔다.

(3) Уянга нөхөртэйгээ Солонгост танилцсан.

오양가는 남편과 한국에서 만났다.

(4) Би даргатайгаа хуралд явна.

나는 사장님과 회의에 간다.

(5) Бид хүүхдүүдтэйгээ хамт кино үзсэн.

우리는 아이들과 같이 영화를 봤다.

(6) Бид олон хүнтэй хамт байлаа.

우리는 많은 사람들과 같이 있다.

3.

(1) Надтай хамт маргааш дэлгүүр лүү явах хүн байна уу?

저와 함께 내일 가게로 갈 사람 있나요?

(2) Түүний ажилладаг компани маш том.

그가 일하는 회사는 매우 크다.

(3) Уух юм юу авах вэ?

마실 것은 무엇으로 하시겠습니까?

(4) Батын авсан номыг би ч бас авмаар байна.

바트가 산 책을 나도 사고 싶다.

(5) Японоос ирсэн хүний цүнх энд байна.

일본에서 오신 분의 가방이 여기에 있다.

(6) Мөнхөд байгаа ном их сонирхолтой.

뭉흐에게 있는 책은 매우 재미있다.

4.

(1) Надтай хамт оройн хоол идэх үү?

(2) Сургуулийн хажууд дажгүй хоолны газар байдаг.

(3) Маргааш хамт дэлгүүр явах уу?

(4) Та юу захиалах(= авах) вэ?

(5) Би багштайгаа уулзсан.

(6) Нэг будаатай хуурга, нэг гурилтай шөл, хоёр сүүтэй цай авъя(= захиалъя).

Хичээл 13

〈핵심표현〉

1-1.

(1) Та Монгол руу юугаар явах вэ? / Онгоцоор явна.

(2) Та энд юугаар ирсэн бэ? / Таксигаар ирсэн.

(3) Дэлгүүр лүү машинаар явах уу, автобусаар явах уу? / Автобусаар явъя.

1-2.

(1) Энэ хоолыг сэрээгээр идсэн.
이 음식을 포크로 먹었다.

(2) Энэ зургийг харандаагаар зурсан.
이 그림을 연필로 그렸다.

(3) Балаар гарын үсгээ зурсан.
볼펜으로 서명하였다.

2-1.

(1) Энэ билетийг хаанаас авсан бэ? / Кино театраас.

(2) Музей хэдэн цагаас онгойдог вэ? / Өглөө 9 цагаас.

(3) Та Солонгосоос хэзээ ирэх вэ? / Дараа сард.

2-2.

(1) Би муурнаас айдаг.

(2) Энэ асуултыг багшаас асуусан.

(3) Бат юунаас айдаг вэ? / Мөнхөөс асуугаарай.

〈연습문제〉

1. 🎧 13-3

(1) Та ажилдаа юугаар явдаг вэ?
당신은 회사에 무엇으로 가십니까?

(2) Чи энд автобусаар ирсэн үү?
너 여기에 자동차로 왔니?

(3) Би банкинд менежерээр ажилладаг.
나는 은행에서 매니저로 일한다.

(4) Би солонгос хэл сурахаар Сөүлд ирсэн.
나는 한국어를 배우러 서울에 왔다.

(5) Бат талх авахаар дэлгүүр явсан.
바트는 빵을 사러 가게에 갔다.

(6) Хүүхдүүд кино үзэхээр явсан.
아이들은 영화 보러 갔다.

2.

(1) Автобусаар ирсэн. 버스로 왔다.

(2) Харандаагаар зурсан. 연필로 그렸다.

(3) Мориор явсан. 말을 타고 갔다.

(4) Махаар хийсэн. 고기로 만들었다.

(5) Модоор хийсэн. 나무로 했다.

(6) Оны сүүлээр явсан. 연말에 갔다.

3.

(1) Би энэ буузыг хонины махаар хийсэн.
나는 보쯔를 양고기로 만들었다.

(2) Та Москва руу галт тэргээр явсан уу?
당신은 모스크바에 기차로 갔나요?

(3) Энэ захиаг харандаагаар бичсэн.
이 편지를 연필로 썼다.

(4) Гараар битгий хийгээрэй.
손으로 하지 마라.

(5) Ээжтэйгээ утсаар ярьсан.
어머니와 통화했다.

4.

(1) Бат багшаас юу асуусан бэ?

(2) Энэ цамцыг их дэлгүүрээс авсан.

(3) Манай сургууль эмнэлэгээс хол байдаг.

(4) Музей өглөө 9 цагаас онгойдог.

(5) Энэ хоолыг хонины махаар хийсэн үү?

Хичээл 14

〈핵심표현〉

1-1.

(1) Ханиад хүрсэн бол бүлээн ус уугаарай.

(2) Даарвал дулаан хувцас өмсөөрэй.

(3) Өлсөж байвал энэ хоолыг идээрэй.

정답

1-2.

(1) Уянга музей явбал би ч бас хамт явъя.
(2) Чамайг цагтаа ирэхгүй бол би чамайг хүлээхгүй.
(3) Таны ажлыг дуусвал бид хамт явъя.

2.

(1) Дүү гэрээ цэвэрлэж, эгч гэрийн даалгавараа хийсэн.
동생은 청소하고, 누나는 숙제를 했다.
(2) Би эрт босч, шүдээ угаасан.
나는 일찍 일어나 양치질을 했다.
(3) Бат дэлгүүрээс ногоо авч, Мөнх хоол хийсэн.
바트는 가게에서 채소를 사고, 뭉흐는 요리했다.

3.

(1) Ном унш.
(2) Оройн 8 цагт ир.
(3) Надад туслаач.

〈연습문제〉

1. 🎧 14-3

(1) Өнөөдөр салхинд гарч, маргааш цэвэрлэгээ хийнэ.
오늘은 산책 가고, 내일은 청소할 것이다.
(2) Таныг явбал би хамт явмаар байна.
당신이 가면 저도 가고 싶어요.
(3) Маргааш дулаан байвал бид аялалаар явна.
내일 따뜻하면 우리는 여행하러 갈 것이다.
(4) Амттай бол их идээрэй.
맛있으면 많이 먹어.
(5) Та явахгүй бол би явъя.
당신이 가지 않는다면 제가 갈게요.
(6) Энэ улаан өнгийн цамцыг үзүүлээч.
이 빨간색 셔츠를 보여 주세요.

2.

(1) Өнөөдөр зав гарвал зах явмаар байна.
시간이 나면 오늘 시장에 가고 싶다.

(2) Ахыг ирвэл надад хэлээрэй.
형이 오면 나한테 말해.
(3) Бороо их орвол ирэх хэрэггүй.
비가 많이 오면 나갈 필요 없어.
(4) Ажлаа эрт дуусвал ирж туслаарай.
형이 일찍 끝나면 와서 도와줘.
(5) Таныг явбал би хамт явмаар байна.
당신이 가면 나도 같이 가고 싶어요.
(6) Чамайг тусалбал би баярлах байна.
네가 도와주면 나는 고마울 거야.

3.

(1) амттай бол
(2) явахгүй бол
(3) завгүй бол
(4) үзэхгүй бол
(5) уншихгүй бол
(6) яарч байгаа бол

4.

(1) Би телевиз үзэж, дүү ном уншсан.
나는 텔레비전을 보고, 동생은 책을 읽었다.
(2) Билгүүн алим идэж, Уянга гадил жимс идсэн.
빌궁은 사과를 먹고, 오양가는 바나나를 먹었다.
(3) Дэвтэр мянга таван зуун төгрөг болж, ном таван мянга болсон.
공책은 1500투그릭이고, 책은 5000투그릭이다.
(4) Ээж хоол хийж, бид гэрээ цэвэрлэсэн.
어머니는 음식을 하고, 우리는 집을 청소했다.
(5) Хөнү монгол хэл сурч, Уянга солонгос хэл сурсан.
현우는 몽골어를 배우고, 오양가는 한국어를 배웠다.
(6) Ах хөдөө явж, эгч хөдөөнөөс ирсэн.
형은 시골에 가고, 누나는 시골에서 왔다.

Хичээл 15

〈핵심표현〉

1.

(1) Энэ номыг түр авах гэсэн юм.
(2) Болдоос юм асуух гэсэн юм.

(3) Уянгатай уулзах гэсэн юм.

2.

(1) Билет авах хэрэгтэй.
티켓을 살 필요가 있어요.

(2) Надад монгол хэлний толь бичиг хэрэгтэй.
제게는 몽골어 사전이 필요해요.

(3) Надад хар цамц хэрэгтэй.
제게는 검은색 셔츠가 필요해요.

3.

(1) Өнөөдөр 9-р сарын 1-ний өдөр.

(2) Маргааш 2-р сарын 26-ны өдөр.

(3) 10-р сарын 1-нээс 15-ны өдөр хүртэл амарна.

《연습문제》

1. 🎧 15-3

(1) Би өрөө захиалах гэсэн юм.
방을 예약하려고 합니다.

(2) Одоо сургууль руугаа явах хэрэгтэй.
지금 학교로 갈 필요가 있다.

(3) Би бие засах гэсэн юм.
나는 화장실에 가려고 합니다.

(4) Өнөөдрөөс маргааш хүртэл ажил хийнэ.
오늘부터 내일까지 일을 합니다.

(5) Энэ эмийг заавал уух хэрэггүй.
이 약을 꼭 먹을 필요는 없다.

(6) Өнөө орой гэртээ эрт харих хэрэгтэй.
오늘 저녁에 집에 일찍 올 필요가 있다.

2.

(1) Энэ сарын гуравнаас таван хүртэл захиалья.
이달 3일부터 5일까지 예약할게요.

(2) Солонгост 6 сараас 8 сар хүртэл халуун байдаг.
한국에서는 6월부터 8월까지 덥다.

(3) Бид нэгнээс дөрвөн хүртэл амарсан.
우리는 1일부터 4일까지 쉬었다.

(4) Өчигдөр өглөөнөөс орой хүртэл ажил хийсэн.
어제 아침부터 저녁까지 일을 했다.

(5) Танай хичээл хэдэн цагаас хэдэн цаг хүртэл ордог вэ?
수업에 몇 시부터 몇 시까지 들어가니?

(6) Энэ сарын дөрөвнөөс таван хүртэл бүртгүүлж болно.
이달 4일부터 5일까지 등록할 수 있다.

3.

(1) Ханиад хүрвэл эм уух хэрэгтэй.
감기에 걸리면 약을 먹을 필요가 있다.

(2) Би түүнтэй утсаар ярих хэрэгтэй.
나는 그와 전화로 통화할 필요가 있다.

(3) Мөнгө солимоор байвал банк явах хэрэгтэй.
돈을 바꾸고 싶으면 은행에 갈 필요가 있다.

(4) Завгүй байвал энэ ажлыг заавал хийх хэрэггүй.
시간이 없으면 이 일을 꼭 할 필요가 없다.

(5) Киноны билетийг Баатараас авах хэрэгтэй.
영화 티켓을 바타르한테 받을 필요가 있다.

(6) Дэлгүүрээс уух юм авах хэрэгтэй.
가게에서 마실 것을 살 필요가 있다.

4.

(1) Цаг байвал өдөр бүр дасгал хийх хэрэгтэй.

(2) Ханиад хүрвэл эм уух хэрэгтэй.

(3) Энэ сарын 13-наас 17 хүртэл өрөө захиалах гэсэн юм.

(4) Өнөөдөр түүнтэй уулзах хэрэггүй.

(5) Би Улаанбаатараас Ховд аймаг хүртэл онгоцоор явах гэсэн юм.

(6) Захиа явуулбал хаана очих вэ?

Хичээл 16

《핵심표현》

1.

(1) Өчигдөр багш ирсэн байх.

(2) Уянга маргааш 10 цаг хүртэл ажиллах байх.

(3) Тэр хүн Монгол хүн байх (аа).

정답

2.

(1) Хичээлээ сайн хийсэн боловч өндөр оноо аваагүй.

(2) Маргааш амралтын өдөр боловч ажил хийх хэрэгтэй.

(3) Бат ханиад хүрсэн боловч эм уугаагүй.

3.

(1) Цаг агаарын мэдээгээр маргааш 20 хэм хүрнэ гэсэн.

(2) Маргааш Улаанбаатарт цас орно гэсэн.

(3) Маргааш бороо орж, салхи салхилна гэнэ.

〈연습문제〉

1. 🎧 16-3

(1) Бат маргааш завгүй байх <u>байх</u> аа.
바트는 내일 바쁠 것 같다.

(2) Энэ <u>ном</u> сонирхолтой байсан.
이 책은 재미있었다.

(3) Хоол <u>амттай</u> байна.
음식이 맛있다.

(4) Өчигдөр тэнгэр муухай байсан <u>боловч</u> бид ууланд явсан.
어제 날씨가 나빴지만 우리는 등산을 갔다.

(5) Энэ гутал <u>үнэтэй</u> боловч тэр гутал хямдхан.
이 신발은 비싸지만 저 신발은 저렴하다.

(6) Бат <u>найзтайгаа</u> уулзаж байна.
바트는 친구와 만나고 있다.

2.

(1) Маргааш хүйтэн болох байх.
내일 추워질 것 같다.

(2) Энэ гоё учраас хүмүүс худалдаж авах байх.
이것은 예뻐서 사람들이 살 것 같다.

(3) Ах орой ирэх байх.
형이 저녁에 올 것 같다.

(4) Билгүүн өнөөдөр гэр лүүгээ явах байх.
빌궁이 오늘 집에 갈 것 같다.

(5) Хүүхдүүд одоо тэнд очих байх.
아이들이 지금 저기에 가는 것 같다.

3.

(1) Энд жүүс <u>байгаа</u> <u>боловч</u> ус байхгүй.
여기에 주스가 있지만 물은 없다.

(2) Сарнай өчигдөр надтай <u>уулзсан</u> <u>боловч</u> Мөнхтэй уулзаагүй.
사르나이는 어제 나와 만났지만 뭉흐와 만나지 않았다.

(3) Энэ цүнх хямдхан <u>боловч</u> тэр цүнх үнэтэй.
이 가방은 저렴하지만 그 가방은 비싸다.

(4) Бат сурлагаар сайн <u>боловч</u> зан муутай.
바트는 학력이 좋지만 성격이 나쁘다.

(5) Гадаа хүйтэн <u>байгаа</u> <u>боловч</u> би нимгэн хувцас өмссөн.
밖은 춥지만 얇은 옷을 입었다.

(6) Дүү номоо авчирсан <u>боловч</u> дэвтрээ мартсан.
동생은 책을 가져왔지만 공책은 두고 왔다.

4.

(1) Би өнөөдөр номын санд очсон боловч ном уншаагүй.
나는 오늘 도서관에 갔지만 책을 읽지 않았다.

(2) Дүү талх авахаар дэлгүүрт явсан боловч талх байгаагүй.
동생은 빵을 사러 가게에 갔지만 빵이 없었다.

(3) Би өчигдөр унтаагүй боловч одоо нойр хүрэхгүй байна.
나는 어제 잠을 자지 않았지만 지금 잠이 오지 않는다.

(4) Бид хоёр кино үзэхээр явсан боловч билет дууссан.
우리는 영화를 보러 갔지만 티켓이 매진되었다.

(5) Энэ ногоо амтгүй боловч эрүүл мэндэд сайн.
이 야채는 맛이 없지만 건강에 좋다.

(6) Шалгалтад сайн бэлдсэн боловч өндөр оноо аваагүй.
시험을 잘 준비했지만 높은 점수를 받지 못했다.

Хичээл 17

〈핵심표현〉

1.

(예시 답변)

(1) Би хөл бөмбөг тоглож чадна.
나는 축구를 할 수 있다.

(2) Би сагсан бөмбөг тоглож чадна.

나는 농구를 할 수 있다.

(3) Би ширээний теннис тоглож чадна.

나는 탁구를 할 수 있다.

(4) Би теннис тоглож чадна.

나는 테니스를 할 수 있다.

(5) Би бейсбол тоглож чадна.

나는 야구를 할 수 있다.

(6) Би гар бөмбөг тоглож чадна.

나는 배구를 할 수 있다.

(7) Би гитар тоглож чадна. 나는 기타를 칠 수 있다.

(8) Би төгөлдөр хуур тоглож чадна.

나는 피아노를 칠 수 있다.

(9) Би хийл тоглож чадна. 나는 바이올린을 칠 수 있다.

2.

(1) (Би) Монголоор ярьж чадахгүй учраас
Баттай англиар ярьсан.

몽골어로 말하지 못해서 바트와 영어로 이야기했다.

(2) Билет дууссан учраас тоглолт үзэж
чадаагүй.

티켓이 없어서 공연을 볼 수 없었다.

(3) (Би) Их даарсан учраас ханиад хүрсэн.

추위에 떨어서 감기에 걸렸다.

《연습문제》

1. 🎧 17-3

(1) Би морь унаж чадна.

나는 말을 탈 수 있다.

(2) Өчигдөр хүйтэн байсан.

어제 추웠다.

(3) Дүү солонгосоор ярьж чадахгүй.

동생은 한국어로 말할 수 없다.

(4) Би солонгос хэл сурсан боловч сайн
ярьж чадахгүй.

나는 한국어를 배웠지만 잘 말할 수 없다.

(5) Энэ ном сонирхолтой байсан.

이 책은 재미있다.

(6) Энэ хоол халуун ногоотой учраас идэж
чадахгүй.

이 음식은 매워서 먹을 수 없다.

2.

(1) Энэ хоолыг идэж чадахгүй.

이 음식을 먹을 수 없다.

(2) Би маргааш усанд сэлж чадахгүй.

나는 내일 수영을 할 수 없다.

(3) Маргааш кино үзэж чадахгүй.

내일 영화 볼 수 없다.

(4) Дэлгүүр явж чадахгүй.

가게에 갈 수 없다.

(5) Бүгдээрээ дуу дуулж чадахгүй.

모두 노래를 부를 수 없다.

3.

(1) Энэ хоол халуун ногоотой учраас идэж
чадахгүй.

이 음식은 매워서 먹을 수 없다.

(2) Алим амттай учраас/болохоор их идлээ.

사과가 맛있어서 많이 먹었다.

(3) Одоо мөнгө байхгүй учраас/болохоор бэлэг
авч чадахгүй.

지금 돈이 없어서 선물을 살 수 없다.

(4) Өмд их урт учраас/болохоор тайрсан.

바지가 매우 길어서 잘랐다.

(5) Би сая хоол идсэн учраас/болохоор энэ
хоолыг идмээргүй байна.

나는 방금 밥을 먹었기 때문에 이 음식을 먹고 싶지 않다.

4.

(1) Би их даарсан учраас ханиад хүрсэн.

나는 매우 추위에 떨었기 때문에 감기에 걸렸다.

(2) Манай ах монголоор ярьж чадахгүй учраас
англиар ярьсан.

우리 형(오빠)은 몽골어를 모르기 때문에 통역해 줄 필요가 있다.

(3) Автобус цагтаа ирээгүй учраас би их
хүлээсэн.

버스가 제시간에 오지 않았기 때문에 나는 기다렸다.

(4) Болдын утасны дугаарыг мэдэхгүй
болохоор түүний ах руу залгасан.

벌드의 전화번호를 모르기 때문에 그의 형에게 전화를 걸었다.

(5) Бид маргааш хөдөө явах болохоор
дэлгүүрээс идэх уух юм авлаа.

우리는 내일 시골에 가기 때문에 가게에서 먹고 마실 것을 샀다.